Ulrich Rabenschlag

Kinder stark machen gegen die Angst

HERDER spektrum

Band 5164

Das Buch

In seinem neuen Buch zeigt der bekannte Kinderpsychiater und Kindertherapeut, wie Eltern zwischen angemessenen und zu großen Belastungen bei Kindern unterscheiden lernen und richtig darauf reagieren. Er weist darauf hin, dass Kinder stark werden im Bestehen der Angst, und nicht dadurch, dass alles Belastende, Verunsichernde und Beunruhigende von ihnen ferngehalten wird. Kinderängste sind ein wichtiger, unverzichtbarer Stimulus zur Lebensfähigkeit. Das Kind kann lernen, wie der Autor kurz und pointiert sagt, „Angst zu haben, ohne sie zu kriegen". Wo aber sind die Grenzen der Belastung? Und wie verarbeiten Kinder die vielen schrecklichen Fernsehbilder, die auf Eltern und Kinder – nicht erst seit dem 11.9.2001 – einstürmen? Ein hilfreicher Elternratgeber, der neue Wege im Umgang mit Kinderängsten aufzeigt, mit vielen Beispielen für die Praxis.

Der Autor

Dr. med. Ulrich Rabenschlag, Kinderpsychiater und Diplompsychologe, ehemaliger Oberarzt an der Kinder- und Jugendpsychiatrie der Universitätsklinik Freiburg. Jetzt eigene Praxis in Freiburg. Initiator und wissenschaftlicher Leiter der Freiburger Kinderschlafambulanz. Bei Herder/Spektrum: „So finden Kinder ihren Schlaf"; „Wenn Kinder nicht mehr froh sein können".

Ulrich Rabenschlag

Kinder stark machen gegen die Angst

Wie Eltern helfen können

HERDER

FREIBURG · BASEL · WIEN

Gedruckt auf umweltfreundlichem,
chlorfrei gebleichtem Papier

Originalausgabe

Alle Rechte vorbehalten – Printed in Germany
© Verlag Herder Freiburg im Breisgau 2002
www.herder.de
Herstellung: fgb · freiburger graphische betriebe 2002
www.fgb.de
Umschlaggestaltung und Konzeption:
R · M · E München / Roland Eschlbeck, Liana Tuchel
Umschlagmotiv: © The Stock Market
ISBN 3-451-05164-8

Inhalt

Einleitung

Seit dem 11. September 2001 vergeht kaum ein Tag, an dem nicht über Fernsehen, Rundfunk und Zeitungen die Meldung verbreitet wird: Weltweit haben die Menschen wieder große Angst: Angst um ihre Sicherheit, Angst um ihre Gesundheit, Angst um die Zukunft. Auch vorher hatten viele Menschen mit Angst zu kämpfen, jeder zehnte litt sogar unter einer „Angstkrankheit". Aber seit dem Anschlag auf das World Trade Center in New York hat die Angst einen Namen bekommen, der vorgibt, für die Angst zu stehen, die angeblich alle Menschen überfallen hat: Terrorismusangst! Heute, mehrere Wochen nach dem 11. September, haben die Medien eine Sprachregelung eingeführt, die von vielen Menschen nur zu gerne übernommen worden ist: Man spricht nicht mehr von den Bildern, die in den ersten Tagen danach um die Welt gingen. Man spricht nur noch von den „Ereignissen" („events"). Und der Terrorismus taucht nur noch im Zusammenhang eines „Kampfes gegen die Terroristen" auf.

Angst bedroht, überwältigt und macht hilflos. Hilflosigkeit ist für jedermann nur für kurze Zeit auszuhalten. Will er seelisch überleben, so verdrängt er mit den Bildern der Bedrohung das Gefühl der eigenen Hilflosigkeit und geht zum Angriff über. Und schon schwindet die beklemmende Erinnerung an die eigene Hilflosigkeit. Mit einem wachsenden Gefühl der eigenen Stärke wird das, was einmal so bedrohlich war, verkleinert, bis es schließlich wieder berechenbar erscheint. Das alte Gefühl der Überlegenheit stellt sich wieder ein. Und damit ist die Angst verschwunden.

So einfach ist das. Und so selbstverständlich haben Millionen von Menschen diese Gefühlswandlungen in den zurückliegenden Wochen mitvollzogen, dass man glauben könnte, Angst sei überhaupt immer solch ein Gefühl, das mit der Zeit von ganz alleine schwindet.

Doch der Schein trügt. So einfach werden wir unsere Angst nicht los. Denn zum einen erlebt jeder Mensch seine ganz individuelle Angstgeschichte, und zum andern hinterlassen alle großen Ängste Spuren tief in unserem Gedächtnis. Ängste knüpfen sich im Gedächtnis an Bilder, an Töne, Gerüche, Gefühle, Begriffe und können lange Zeit danach ganz unverhofft wieder lebendig werden, wenn wir sehen, hören, riechen, fühlen, sprechen und uns dabei völlig andere, harmlose Gedanken durch den Kopf gehen und uns andere Gefühle beschäftigen.

Angst ist ein zutiefst konservatives Gefühl: Es warnt vor Neuem und hilft uns damit, Gefahren zu erkennen, es hilft uns zu kämpfen und den Gegner zu überwältigen. Aber wehe, wir verleugnen unsere Hilflosigkeit, wollen nichts mehr von ihr wissen oder kämpfen gegen einen Ersatzgegner, der leichter besiegbar ist, dann wird das Angstgefühl sich an die ursprünglichen Bilder der Hilflosigkeit anheften und sich über Bilder und Gefühle ausbreiten, die scheinbar mit der Ausgangssituation gar nichts zu tun haben. Angst verknüpft sich durch Assoziationen in unserem Gedächtnis und nicht durch logisches Denken. Daher macht verdrängte Angst dumm, und daher helfen intelligente Erklärungen so schrecklich wenig gegen die Angst.

Warum nun haben immer mehr Kinder in unserem Land Angst? Sprechen nicht alle Erwartungen dagegen? Denn schließlich ist es Kindern noch nie so gut gegangen wie heute. Vom Krieg verschont, mit Spielsachen überhäuft, mit gesunder und ausreichender Nahrung jeden Tag zur Auswahl, mit Eltern und Kinderärzten, die sich mehr als je Gedanken um die körperliche und die seelische Gesundheit der Kinder machen – müssten sie nicht glücklich und zufrieden jeden Tag begrüßen?

Wenn Eltern über diese erstaunliche Tatsache – und dass es tatsächlich eine Zunahme von Angststörungen bei Kindern gibt, darüber sind sich die Fachleute einig – erfahren, dann fallen ihnen als wichtigste Gründe für die Ängste ihrer Kinder ein: Schicksalsschlag in der Familie – Gewalt in der Schule – schlechte Noten – Fahrraddiebstahl … Womit sie nicht rechnen, ist, dass die Angsthierarchie ihrer Kinder selbst ganz anders aussieht: Familienunglück – Krieg im eigenen Land – Sittlichkeitsverbrechen – Luftverschmutzung – Unfälle. Während die Eltern schon näher an der Gesellschaft als Angstquelle sind, sorgen sich die Kinder noch um die Unversehrtheit ihres Körpers.

Angst ist ein uraltes Signal für Bedrohung, gleichgültig ob der Angreifer gesehen, phantasiert oder erinnert wird. Alles Neue, Fremde, Unvertraute macht erst einmal Angst. Die Welt der Kinder aber ist jeden Tag voll von Neuem. Müssten dann nicht alle Kinder täglich Angst haben? Ja, die haben sie auch, aber die meisten werden sie zum Glück so schnell wieder los, dass sie sie schnell wieder „vergessen".

Ganz anders aber sieht es bei den Kindern aus, um die es in diesem Buch geht: Sie behalten ihre Ängste, auch wenn das Neue schon vertraut und die Gefahr längst vorüber ist. Mittlerweile gehört jedes zehnte Kind in unserem Land zur Gruppe dieser Angstkinder. Darunter sind viele, die nach außen hin überhaupt nicht den Eindruck machen, Angst zu haben: Kinder, die nicht mehr zur Ruhe kommen können, Kinder, die ständig Kopfschmerzen oder Infekte haben, andere, die stundenlang an ihren Hausaufgaben sitzen, aber auch Kinder, die schnell gewalttätig werden.

Aus Angstkindern werden Angst-Erwachsene, die sich mit ihrer Scheu und Schüchternheit, aber auch mit ihren quälenden Schamproblemen arrangiert haben. Einige haben infolge ihrer Kindheitsängste eine Depression entwickelt oder sind körperlich chronisch krank geworden. Andere haben eine Verarbeitung ihrer Kindheitsängste gelernt, die auch in unserer modernen Gesellschaft noch weit verbreitet ist: Sie schützen sich gegen das Gewahrwerden ihrer Angst, indem sie anderen Angst machen!

Wie der Hunger, so ist auch die Angst ein Gefühl, das zugleich unangenehm und lebenswichtig ist. Wie notwendig Angstsignale sind, kann man verstehen, wenn man Tiere oder Menschen beobachtet, die zu wenig Angstsignale wahrnehmen. Forscher können durch genetische Manipulationen angstfreie Tiere züchten, und Tumoren oder Kopfverletzungen können beim Menschen Gehirnabschnitte so verändern, dass keine Angstsignale mehr ankommen. Die Folge ist eine Zunahme von Zerstörung! Entweder erkennt das betroffene Lebewesen für sich keine realen Gefahren mehr, oder aber es gefährdet hemmungslos seine Mitwelt. In milderer Form kennt das jeder, der mit der angstmindernden Wirkung des Alkohols vertraut ist.

Genau dieses Spannungsfeld zwischen „unangenehm" und „lebensnotwendig" ist es, was seit jeher Philosophen, Theologen, Naturforscher, Pädagogen und Psychologen an dem Thema „Angst" so fasziniert hat. Bis heute wird darum gestritten, ob Angst in erster Linie körperlich, seelisch oder geistig ist. Bei näherer Betrachtung jedoch stellt sich heraus, dass die Angst sich wenig schert um die Gartenzäune der Wissenschaftler. Sie drückt sich immer körperlich aus, selbst wenn wir nichts davon merken. Sie geht fast immer mit seelischen Empfindungen einher, die unangenehm-stimulierend sind. Und schließlich hinterlässt sie fast immer geistige Spuren, entweder in dem uns direkt zugängigen Bewusstsein oder in Gedächtnisspuren des „Unbewussten". In diesem Buch wird die Rede sein von den faszinierenden Erkenntnissen der modernen Hirnforschung, die Brücken bauen zwischen dem, was wir „körperlich", „psychisch" und „geistig" nennen.

Wie alle Gefühle, so drückt sich auch die Angst bei einem Säugling anders aus als bei einem Schulkind, und wieder ganz anders bei einem Erwachsenen. Zwar unterscheiden sich die altersspezifischen Angstformen kaum in dem körperlichen Grundmuster, nach dem die Angstreaktion abläuft. Aber ein Kind verfügt noch nicht über die lange Lerngeschichte im Umgang mit Ängsten wie ein Erwachsener. Diese Lerngeschichte aber kann im Leben eines Menschen so speziell verlaufen sein, dass es einem anderen kaum noch möglich ist, sie nachzuvollziehen. Ja, die Verhältnisse sind zumeist noch komplizierter, denn der Erwachsene, der unter seinen Ängsten leidet, weiß oft selbst nicht mehr, wo sie ihren Ausgang genommen haben. Stark ängstigende Erlebnisse werden in der nachfolgenden Zeit zum Selbstschutz aus dem Bewusstsein ferngehalten, aber sie graben sich dank der Wucht ihrer Erregung tief im Gedächtnis ein. Dort bleiben sie wirksam, auch wenn sie nicht bewusst werden. Auch wenn es einem Psychotherapeuten, der nach den Regeln der Psychoanalyse oder der Hypnose vorgeht, gelingen sollte, diese Gedächtnisspuren wieder fürs Bewusstsein ertragbar zu machen, so wird er sie doch nicht löschen können.

Viele Ängste, die mit Erlebnissen der ersten Lebensjahre verknüpft sind, lassen sich auch mit der besten psychoanalytischen

Kur nicht bewusst machen. Warum das so ist, beginnen wir erst allmählich zu verstehen, nachdem wir mit ausgefeilten Methoden der Hirnforschung erkannt haben, wie wichtig der große Teil unseres Gedächtnisses ist, der auf Erlebnisse zurückgeht, die uns niemals bewusst gewesen sind.

Drei Formen von Kinderängsten begegnen Eltern im Alltag ihrer Kinder am allerhäufigsten, die Trennungsangst, die „Generalisierte Angststörung" und die Phobien. Trennungsängste verstecken sich zum Beispiel hinter dem morgendlichen Bauchweh, das Kinder plagt, wenn sie nicht zur Schule gehen wollen. Dabei ist die Schule selbst daran gar nicht schuld. Aber um dies zu verstehen, braucht es einen tieferen Einblick in das, was Psychologen „Bindung" nennen. Kinder mit einer „Generalisierten Angststörung" sind zumeist sehr phantasiebegabte Kinder, die es schwer haben, nicht als „Ansteller" oder „Angsthasen" missverstanden zu werden. Phobien sind Ängste, die sich auf ein ganz bestimmtes Objekt richten. Solange Spinnen, Hunde oder der weiße Kittel des Arztes es sind, auf die sich die Phobie bezieht, können Kinder sich noch gut verständlich machen. Schwieriger wird es, wenn das Objekt der Phobie inzwischen in ein riesiges Knäuel von Begleitumständen eingewickelt ist – und das ist eher die Regel als die Ausnahme. Noch komplizierter wird es, wenn es sich um eine „Soziale Phobie" handelt, bei der jeglicher Kontakt mit anderen Menschen Angst macht und darum vermieden wird. Hier spielen derart viele Vorgänge mit hinein, dass es oft auch einem Fachmann schwer fällt, Ursache und Wirkung auseinander zu halten.

Die Anstrengung, Ängste genau zu unterscheiden und sie nicht in einen großen Topf der Angstgefühle zu werfen, spielt in der Behandlung eine ganz wesentliche Rolle. Denn die Methoden ihrer Therapie unterscheiden sich derart, dass sie, bei der falschen Angststörung angewandt, die Symptomatik sogar verstärken können. Auf der Basis praktischer Erfahrung in der Behandlung von Angststörungen im Kindes- und Jugendalter ist es heute möglich, einen Behandlungsansatz zu formulieren, der die verschiedenen therapeutischen Schulen integriert. Gab es jahrzehntelang den Streit um die Frage, ob es bei der Angstbehandlung wichtiger sei, die Symptome oder die dahinterliegende ursächliche Störung zu behandeln, so konzentriert sich die Arbeit heutiger Kindertherapeuten darauf, Kindern beim Umgang mit ihrer Angst so zu helfen, dass sie nicht mehr auf untaugliche Mechanismen zur Angstvermeidung zurückgreifen müssen. Dabei bedarf es der Mitarbeit des Kindes und der Eltern. Bewusstmachen, Korrektur kurzschlüssigen Denkens und Üben neuer Verhaltensweisen – all das sind Elemente und nicht länger alternative Zugangsweisen jeder modernen Kinderpsychotherapie. Die medikamentöse Behandlung spielt in der Kinderangsttherapie nur eine ganz untergeordnete Rolle. Erst im Jugendalter, vor allem aber im Erwachsenenalter, kommt ihr größere Bedeutung zu.

Dieses Buch habe ich erst schreiben können, nachdem ich in den letzten zwei Jahrzehnten so manche Hochs und Tiefs in der Beschäftigung mit psychoanalytischen, verhaltenstherapeutischen, kognitionspsychologischen, familientherapeutischen und medikamentösen Lehrmeinungen mitgemacht habe. Gewichen ist die ängstliche Orientierung an den Ideologen, gewachsen ist die Faszination am Versuch, das Phänomen Angst zu begreifen. Geblieben aber ist die Erfahrung, dass die Phantasie und Vitalität von Kindern allen noch so gut geplanten pädagogischen und psychotherapeutischen Anstrengungen haushoch überlegen bleibt.

Von freien Kindern kann man lernen, Angst als Signal zu nutzen, um als Erwachsener mutig und damit frei zu bleiben.

I. Kinderszenen

Der Unfall

Es ist Freitagabend. Heute ist der Vater von Tim früher nach Hause gekommen. Endlich kann er mit seinem fünfjährigen Sohn Lego bauen. Am Tage zuvor haben sie angefangen, einen großen Leuchtturm zu bauen. Riesig soll er werden – ist doch klar, der größte natürlich. Doch was muss der Vater sehen, als er in das Kinderzimmer kommt? Tim hat aus dem Turm vom Vorabend zwei Türme gemacht und sie auf einer Platte eng nebeneinander gestellt. Also doch keinen Riesenturm bauen? Tim bemerkt gar nicht, dass der Vater gekommen ist. Er kniet wie angewurzelt vor seinen beiden Halb-Türmen und saust immer und immer wieder mit einem Kreuz aus langen Legosteinen um die Türme herum. Dabei stößt er quietschende Geräusche aus, die ganz offensichtlich den Motorenlärm des Flugzeugs nachmachen sollen. „Was machst Du denn da?", fragt ihn der Vater. „Nicht stören, sonst kommt gleich das Feuer!", schreit er und lässt sich auch nicht eine Sekunde dabei unterbrechen, um seine Türme herumzufliegen. Der Vater versteht überhaupt nichts mehr. Enttäuscht zieht er sich ins Wohnzimmer hinter seine Zeitung zurück. Aber die Flugzeuggeräusche lassen nicht nach. Immer und immer wieder kreist Tim um seine Türme. Nach einer halben Stunde wird es dem Vater zu bunt. Außerdem ist es jetzt Zeit, zu Bett zu gehen. „Schluss jetzt!", brüllt der Vater und nimmt ihm das Flugzeug aus der Hand. Da schreit Tim plötzlich auf, nicht wütend, sondern verzweifelt. Er wirft sich dem Vater in die Arme und weint, weint, weint. „Ein Unfall! Ein Unfall! Jetzt müssen alle sterben!", schluchzt er. Jetzt erst beginnt der Vater zu verstehen: Es ist Freitag, der 14. September 2001 – drei Tage nach dem 11. September. Tim hat seitdem jeden Abend die Tagesschau gesehen …

Das Schneckenhaus

Lisa ist sieben Jahre alt und geht mit großer Begeisterung in die Schule. Sie ist sehr helle und kann bereits selbst ihre Bücher lesen. In der Schule nehmen sie gerade Pflanzen durch, und sie ist fasziniert von den langen Wurzeln, die offenbar bei einigen Pflanzen meterlang unter der Erde laufen können, ohne dass man etwas von ihnen sieht. Sie malt und malt, immer wieder Pflanzen mit langen Wurzeln. Sie schafft ihre Hausaufgaben kaum noch, weil sie zwischendurch immer wieder Pflanzen mit langen Wurzeln malen muss.

Abends, wenn sie einschlafen soll und die Mutter das Licht ausgemacht hat, fängt die schlimmste Stunde ihres Tages an. Dann kriecht sie tief unter ihre Bettdecke und versucht, einfach an nichts zu denken. Aber das gelingt ihr nicht. Immer wieder kommen diese langen Wurzeln in ihren Kopf. Was heißt in ihren Kopf?! Unter ihrem Bett kriechen sie hervor! Sie nimmt ihre Bettdecke, schlägt sie übereinander und legt sie unter sich, damit die Wurzeln nicht an sie herankommen. Sie weint und beginnt zu frieren. Also doch wieder unter die Bettdecke kriechen? Aber dann kommen die Wurzeln wieder an sie ran. Also wieder die Decke unter sich legen. Dann wird's wieder kalt. So geht das hin und her, bis Lisa nicht mehr kann. Als die Mutter in der Nacht noch einmal nach ihr schaut, liegt sie halb sitzend in einer Ecke ihres Bettes und hat die Decke wie einen großen Schlauch um sich gewickelt. Die Mutter schmunzelt: „Wie in einem Schneckenhaus …!" Plötzlich wird Lisa wach, sieht die Mutter und schreit um Hilfe. Es dauert lange bis sie sich im Arm der Mutter beruhigt hat. Dann sagt sie ganz leise: „Die Wurzeln, die sind so gemein. Die kriechen immer in mein Bett!"

Das Karussell

„Eigentlich eine gute Idee!", dachte die Mutter, als sie die letzten Klappstühle auf die Terrasse ihres neuen Hauses schleppte. „Das wird Julia bestimmt super finden, wenn sie nach Hause kommt!" Heute ist der zehnte Geburtstag ihrer Tochter. Am Nachmittag hat sie ihre Freundinnen eingeladen. Julia selbst wollte unbedingt mit ihnen in ihrem Zimmer im Erdgeschoss feiern. Aber bei diesem schönen Wetter? Immer will sie sich im Erdgeschoss verkriechen! Nicht ein einziges Mal ist sie bislang in den ersten Stock hochgegangen, und dabei wohnen sie doch jetzt schon fast sechs Wochen in ihrem neuen Haus – mit dieser herrlichen Terrasse. Was haben sie nicht alles mitgemacht mit Julias Marotte! Alles hatte vor zwei Jahren angefangen, als sie noch mitten im Ort gewohnt hatten. Sie hatten einen schönen, aber doch etwas zu kleinen Bungalow. Plötzlich fand Julia ihn scheußlich und redete nur noch davon, ob sie nicht wegziehen könnten. Nach draußen vor den Ort, egal wohin. Nun hatte ihr Mann immer schon die Idee gehabt, ein eigenes Haus zu bauen, groß sollte es sein und endlich mal mit einer Terrasse. Als es dann so weit war, begannen diese komische Ideen bei Julia. Sie bestand darauf, das kleine Zimmer neben der Küche zu kriegen, obwohl die Eltern für sie oben, unter dem Dach, ein tolles Dachzimmerchen mit Fenstern bis auf den Boden eingerichtet hatten. Nicht ein einziges Mal war sie dazu zu bewegen gewesen, da hinaufzugehen. Schreiend hatte sie sich dagegen gewehrt, dass der Vater sie eines Abends einmal in ihre dicke Bettdecke gehüllt hinauftragen wollte. Sie war ganz blass geworden und hatte am ganzen Leib gezittert. Seitdem war sie nie mehr auch nur in den ersten Stock gestiegen.

Julia kam, ihre Freundinnen trafen ein. Als sie erfuhr, dass die Mutter den Geburtstagstisch oben auf der Terrasse gedeckt hatte, brach sie in einen Weinkrampf aus und verschanzte sich in ihrem Zimmer. Alle waren ratlos. Schließlich kam ihre beste Freundin auf die Idee, die Geburtstagsparty einfach in den Ort zu verlegen. Dort sei im Augenblick Jahrmarkt und ein riesiges Karussell aufgebaut. Julia hörte „Karussell" und schrie laut auf. „Nein, nicht dahin. Dann schon eher auf den Turm!" – „Turm?" Keiner verstand etwas. „Ich meine auf die Terrasse!" – „Aber warum denn jetzt auf einmal doch?" Die Mutter war sehr ärgerlich und Julia völlig verzweifelt. Es half nichts. Sie musste ihr Geheimnis preisgeben. „Weil …", schluchzte sie, „weil die sich wenigstens nicht auch noch dreht!" Immer noch verstand keiner irgend etwas. Julia sah schließlich ein, dass sie etwas erklären musste,

sonst würden sie alle am Ende noch für übergeschnappt halten.
„Mir wird immer so schwindelig, wenn ich nicht auf dem Boden
bin! Alles hat damals angefangen, als mich der Papa einfach auf
dieses Holzpferd auf dem Karussell gesetzt hat und das Ding
gleich losfuhr. Ich habe geschrien und geschrien. Und alle fanden
es nur lustig, wie ich mich angestellt habe. Darum wollte ich
auch weg aus dem Ort. Ich musste immer an dieses hohe Karussell denken, und sicher hätte mich Papa irgendwann mal wieder
auf dieses Ding draufgesetzt. Mir wird doch schon schwindelig,
wenn ich die Treppe in unserem Haus hoch soll. Und da hat er
mich auch noch bis unters Dach getragen. Ich hab' gedacht, ich
sterbe. Ich kann einfach nicht anders. Ich komme mir ja selbst so
blöd dabei vor. Aber es ist einfach ganz, ganz schlimm!"

II. Was ist Angst?

Signale aus der Vorzeit

Vor einiger Zeit suchte mich Don, ein junger Mann von 19 Jahren, in der Sprechstunde auf, weil er, geplagt durch schreckliche Alpträume, seit der Flucht aus seiner Heimat (Kroatien) keine Nacht mehr hatte durchschlafen können und daher tagsüber so müde war, dass er schon zweimal beim Autofahren kurz eingenickt war. Mit großer Anstrengung gelang es ihm nach einigen Sitzungen, das Bild zu beschreiben, das sich ihm Nacht für Nacht aufdrängte. Er erzählte stockend, unterbrochen von Schluchzen und Stottern, mit weit aufgerissenen Augen, als sähe er die Szene leibhaftig vor sich: „Wir saßen nach dem Abendessen noch in der Stube. Mein kleiner Bruder war schon runter in sein Zimmer im Keller gegangen. Mein Vater und ich hatten ihm da unten zusammen mit meinen Brüdern nach dem Tode unserer Mutter einen großen Raum ausgebaut, damit alle seine Tiere bei ihm schlafen konnten. Sieben Tiere hatte er, zwei Vögel, ein Meerschweinchen, eine Katze, zwei Schildkröten und einen großen schwarzen Hund – den liebte er am meisten. Es war genau zehn nach neun; das weiß ich genau, denn meine Uhr ist genau um diese Zeit stehengeblieben. Da gab es einen fürchterlichen Knall, alles stürzte um, die Zimmerdecke brach runter und minutenlang konnte ich in der riesigen Staubwolke nichts erkennen. Dann sah ich, dass der Holzfußboden brannte und meine Brüder versuchten, sich zum Fenster durchzuschlagen. Mein Vater lag unter dem umgefallenen Schrank. Ihn konnte ich mit einiger Mühe befreien. Dann stürzten wir die Kellertreppe hinunter, um meinen Bruder zu retten. Die Türe zu seinem Zimmer war aufgesprengt worden. Aber davor lag der Schutt so hoch, dass ich nur durch einen schmalen Schlitz hineingucken konnte. Im Keller brannte das Licht, vielleicht war's auch vom Feuerschein so hell. Was ich in diesem Augenblick sah, hat sich in meinem Kopf als Bild festgesetzt, und jede Nacht taucht es im Traum wieder auf. Da saß mein kleiner Bruder auf seinem Bett, er hatte alle seine Tiere um sich gesammelt, seinen Hund hielt er fest umschlungen. Der Hund ließ ein fürchterliches, wimmerndes Bellen hören, wie ich es noch nie zuvor gehört hatte. Sein Fell sträubte sich, er scharrte unablässig mit seinen Pfoten und biss in Panik um sich. Mein Bruder aber ließ ihn nicht los. Er saß nur da mit weit aufgerissenen Augen, starrem Blick und riesigen Pupillen. Er zitterte am ganzen Körper, war kreidebleich und klapperte mit den Zähnen. Der dunkle Fleck auf seiner Schlafanzughose war eindeutig: er hatte in die Hose gemacht! Die beiden Vögel flatterten in ihrem Käfig, als habe sich die Katze eingeschlichen. Die Katze aber lag wie leblos neben ihm, zum Knäuel zusammengerollt, mit eingezogenem Schwanz, den Kopf tief ins Fell gebohrt. Auch das Meerschweinchen rührte sich nicht, lag platt auf dem Bauch, wie erstarrt, die Fellhaare gesträubt. Mein Vater und ich schrieen, er solle sofort zum Ausgang kommen, wir würden ihn rausziehen. Er reagierte nicht. Wir brüllten, dass alles brennte und dass es eine Explosion gegeben hätte, wahrscheinlich von einer Bombe – aber er guckte nur und guckte, als könnte er uns gar nicht hören. Er guckte uns nur immer an, guckte und guckte ….." Don brauchte lange Zeit, bis er weitersprechen konnte: „So habe ich ihn das letzte Mal gesehen, ihn und seine Tiere!"

Wenn wir versuchen, uns vorzustellen, welches Angstszenario sich in Dons kleinem Bruder, aber auch in seinen Tieren in diesem kroatischen Keller abgespielt hat, dann wird uns das nur teilweise gelingen. Und befragt man Menschen, die vergleichbare Katastrophen erlebt haben, so werden die meisten von ihnen sagen, dass sie das eigentlich Grauenvolle nicht in Worte fassen könnten.

Angst kann man beobachten, Angst kann man spüren, Angst kann man in Worte zu fassen versuchen. Aber das, was wir da sehen, fühlen oder in Worten ausdrücken – das ist nur die Oberfläche dessen, was Angst ist.

Angst ist die Alarmreaktion eines Lebewesens auf eine wirkliche, instinktmäßig eingeschätzte oder nur vorgestellte Situation,

die höchst gefährlich ist für seine Existenz oder seine Gesundheit und die es nicht bewältigen kann. Damit diese Reaktion blitzschnell, im Millisekundenbereich, ablaufen kann, muss sie gar nicht erst bewusst werden. Zwischen Wahrnehmung der Gefahr und Angstreaktion bedarf es im Gehirn nur eines untergeordneten Gehirnzentrums, über das ebenso die meisten Fische, Vögel und Kriechtiere, auf jeden Fall aber alle Säugetiere verfügen. Darin ist gespeichert, was für das betroffene Lebewesen als wenig gefährlich, möglicherweise gefährlich und existenzbedrohend gilt.

Dieses Gehirnzentrum besteht aus dem **Thalamus** und aus dem **Mandelkern**. Der Thalamus ist das Gehirnzentrum, das sehen, hören, schmecken, riechen, Kälte, Hitze und Schmerz spüren, ja sogar die Körperposition erfassen kann, ohne dass dem Lebewesen irgendetwas davon bewusst wird. Er kann ganz eigenständig und viel schneller als die Großhirnrinde, der Sitz des Bewusstseins, dem Körper sagen, dass er reagieren muss.

Umgangssprachlich sagen wir, dass wir auf Schmerz und große Gefahr „im Reflex" reagieren. Aber diese Formulierung ist eigentlich falsch. Wir verwenden sie auch nur, weil wir damit sagen wollen, wie blitzschnell solch eine Angstreaktion abläuft, und dass wir reagieren, ohne erst (bewusst) darüber nachzudenken.

Nun haben Hirnforscher herausgefunden, dass selbst eine solch blitzschnelle Reaktion im Gehirn ein Gefühl hinterlässt, ein Gefühl, das wir zwar tief im Gedächtnis verankern, aber das uns gar nicht bewusst werden muss. Dieses „unbewusste" Gefühl entsteht in einem hochkompliziert aufgebauten Hirnzentrum, das in der Tiefe unseres Vorderhirns liegt. Wegen seiner eigenartigen Form haben die Forscher ihm den Namen „**Mandelkern**" (Amygdala oder corpus amygdaloideum) gegeben. Das Faszinierende an diesem Mandelkern ist, dass er Gefühle erzeugt (und Gefühlsreaktionen veranlasst) nach Programmen, in denen nicht nur die instinktive Ausstattung, sondern auch die Lernerfahrungen abgespeichert sind, die ein Lebewesen in ähnlichen Gefühlssituationen gemacht hat. Es gibt also tatsächlich ein emotionales Gedächtnis, das unser Befinden und Verhalten stark beeinflusst, ohne dass es uns bewusst zugänglich ist.

Seit Hirnforscher dieses **unbewusste emotionale Gedächtnis** im Mandelkern entdeckt haben, ist es auch nicht mehr schwer zu verstehen, dass in der frühen Kindheit (ja schon vor der Geburt!) starke Gefühlseindrücke (Traumata) im Gedächtnis gespeichert werden können, die nie bewusst geworden sind und die auch kein Psychotherapeut je wird bewusst machen können – und die dennoch das spätere Gefühlserleben eines Lebewesens einfärben können.

(Spezialisten seien an dieser Stelle darauf hingewiesen, dass die Abrufbarkeit – „Bewusstmachung" – des Gefühlsgedächtnisses an die Ausreifung des Hippocampus, eines Hirngebietes, über das alle Wirbeltiere, also auch der Mensch, verfügen, gebunden ist. Dieser Hippocampus entfaltet beim Menschen aber erst allmählich in den ersten Jahren nach der Geburt seine volle Funktion.

Und noch eine Entdeckung der Hirnforscher der letzten Jahre dürfte für Spezialisten von Interesse sein: Der Mandelkern speichert nicht nur emotionale Ereignisse, sondern er kann sich auch selber für starke und häufig wiederkehrende Angstgefühle sensibilisieren. Dabei spielen Glutamat zur Verstärkung der Langzeitpotenzierung und NMDA-Rezeptoren eine Rolle, die in jüngster Zeit in der Amygdala nachgewiesen worden sind. Diese Entdeckung könnte erklären, warum Kinder, die in ihrer frühen Entwicklung verstärkt immer wieder Angsterlebnissen ausgesetzt gewesen sind, in ihrer späteren Entwicklung dadurch auffallen, dass sie mit erhöhter Sensibilität, die aus dem Kontext nicht verständlich ist, auf bestimmte Angstsituationen reagieren.

Frühe traumatische Angsterlebnisse sind also besonders geeignet, unbewusst die gesamte Angstbereitschaft eines Lebewesens zu erhöhen, ohne dass sie jemals ins Bewusstsein vorgedrungen sind. Damit dürfte Sigmund Freud in seiner bahnbrechenden Vorstellung, dass das „Unbewusste" unser Handeln, Denken und Fühlen in hohem Maße mitbestimmt, noch um einiges zu vorsichtig gewesen sein, als er das „Unbewusste" dem konflikthaft Verdrängten, also dem irgendwann einmal Bewussten, gleichgesetzt hat. Was nie bewusst gewesen ist, kann auch nicht verdrängt und durch noch so lange psychoanalytische Behandlungsversuche bewusst gemacht werden. Und dennoch ist es fest im emotionalen Gedächtnis gespeichert und taucht das gesamte Leben in die emotionalen Farben der frühen Erfahrung!)

Alle Lebewesen, die in diesem verschütteten kroatischen Keller eingeschlossen waren, konnten also Angst fühlen und körperlich auf die wahrgenommene Bedrohung reagieren. Wie sie reagierten, das hing allerdings zum einen von ihren angeborenen Instinkten und zum andern von ihren Lernerfahrungen mit Gefahr ab.

Hätten wir bei Dons kleinem Bruder und seinen Tieren die **vollständige Angstreaktion** erfassen können, dann hätten wir gesehen, dass sie mit ihrem gesamten Körper, mit Leib, Geist und Seele, auf die lebensbedrohliche Gefahr reagierten. Denn all das spielt sich dabei in uns Menschen (und in vielen anderen Lebewesen) ab:

- Schärfung aller Sinneswahrnehmungen, vor allem des Sehens und Hörens. Weitstellung der Pupillen, Ausrichtung des Hörens auf die Gefahrenquelle. Herabsetzung des Hautwiderstandes und zugleich starke Schweißabsonderung. Erhöhung der Wachheit des Gehirns (arousal) und damit **Verstärkung der Reaktionsbereitschaft. Erhöhte Schreckhaftigkeit, Kopfschmerzen**, Brustschmerzen, Hautkribbeln.

- **Atembeschleunigung (Hecheln)** mit Erstickungsgefühl, **Zittern,** Frieren, Erbleichen, Fleckigwerden der Haut, Rötung wie bei Ausschlag, Sträuben der Haare (Felltiere sehen so größer und furchteinflößender aus), Erstarren der Mimik in einem typischen Angstausdruck, **„Kloßgefühl" im Hals, „weiche Knie", Tremor**, Erstarren bis hin zum „Totstellreflex", aber auch erhöhte motorische Unruhe und „piepsige Stimme", Stottern oder **Schreien.**

- Verstärkung der Herzleistung **(Herzklopfen)**, Beschleunigung des Herzschlags (*Tachykardie*) und nachfolgend Herzverlangsamung (*Bradykardie*), die bis zum Umfallen und Herzstillstand führen kann. Anstieg des Blutdrucks aufgrund der Zusammenziehung der meisten Blutgefäße und Weitstellung anderer mit dem Ziel, soviel Blut und damit Sauerstoff wie möglich den lebenswichtigsten Organen zukommen zu lassen, raschere Blutgerinnung.

- Beschleunigung der Magenbewegungen, Gefühl, dass der Magen wegsackt, **Übelkeit**, im Extremfall Bildung eines Magengeschwürs, Stuhldrang und Durchfall, **Harndrang mit Einnässen.**

- *Ausschüttung von Stresshormonen (Adrenalin, Noradrenalin, Corticosteroiden), Blutzuckeranstieg, Absenken der Geschlechtshormone, Verschlechterung der Abwehr gegen*

Krankheitserreger, Mobilisierung von Fettreserven mit Gewichtsverlust.

- Angst vor Kontrollverlust, **Panikgefühl,** Todesangst, Wechsel zwischen Angreifen- und Fliehen-Wollen, Derealisation (Gefühl der Unwirklichkeit), **Denkblockierung,** zugleich tiefe Verankerung des Erlebten im Langzeitgedächtnis (Alptraum, „flash back"), Primitivierung von Denkstrategien (Schwarz-Weiß-Denken, Freund-Feind-Schemata), Entscheidungsschwäche, **Tagträume** und illusionäre Verkennungen bis hin zur Psychose.

- Langfristig: **Scheu, Hemmung und Scham,** Ruhelosigkeit, **Nervosität,** Schwierigkeit, sich auf Neues einzustellen, Schlafstörungen mit Alpträumen, **aggressive Überreaktionen**, Vermeidungsverhalten, **Spielunlust, Phantasieeinschränkung,** Harmonisierungstendenz, sexuelles Desinteresse, psychosomatische Erkrankungen einschließlich **erhöhter Infektanfälligkeit**, Neigung, gefährliche Situationen immer wieder aufzusuchen **(kontraphobisches Verhalten)**, Depression, Suizid, Erschöpfung aller Lebensfunktionen und Tod.

Wenn wir uns diese Breite der Angstreaktion anschauen, dann erscheint es uns vielleicht unsinnig, dass die Natur uns mit einem solchen „Katastrophenprogramm", das im Tode enden kann, überhaupt ausgestattet hat, einem Programm, das doch zugleich unverzichtbar für unser Überleben ist. Den tieferen Sinn verstehen wir erst, wenn wir uns die komplexe Funktion des Angstzentrums, des Mandelkerns, vor Augen führen.

Da ist zum einen seine Fähigkeit, blitzschnell den Organismus entscheiden zu lassen, ob er angreifen oder fliehen soll. Je nach der Lebensumwelt eines Lebewesens stellt er dafür ganz verschiedene Instinktprogramme zur Verfügung. So reagiert die Maus auf das Knurren der Katze zum Beispiel, indem sie blitzschnell ein Versteck in einem Mauseloch sucht, in das die Katze ihr nicht zu folgen vermag. Ein aufgescheuchtes Reh springt auf und sucht den rettenden Wald. Ein Hase verkriecht sich in einer Ackerfurche, legt sich platt auf den Boden, verlangsamt seinen Herzschlag und stellt seine Löffel. Der Mensch stellt seinen Organismus sofort auf eine Kampf-oder-Flucht-Situation ein. Das alles sind angeborene instinktive Fähigkeiten, die sich in Millionen von Jahren als sinnvoll für den jeweiligen Lebensraum eines Lebewesens herausgestellt haben. Sie sichern optimal sein Überleben, so lange sich der passende Lebensraum nicht ändert. Instinktverhalten kann nicht umgelernt werden. Es bleibt auch dann noch wirksam, wenn es in einem veränderten Lebensraum unsinnig geworden ist. (Beispiel: Angst-Stress-Situation während einer Klassenarbeit. Es laufen alle körperlichen Funktionen ab, als gelte es, aufzuspringen, um anzugreifen oder Reißaus zu nehmen …)

Doch zum Glück besitzt der Mandelkern noch weitere Fähigkeiten. Er kann seine Reaktionsbereitschaft durch Lernen verändern. Je stärker die Teile im Mandelkern entwickelt sind, die Informationen an die Großhirnrinde weitergeben und von ihr Informationen aufnehmen können, umso größer ist die Chance, die Instinktprogramme in ihren Auswirkungen zu steuern. Sie können sie nicht löschen, aber sie können sie bremsen und auch verstärken.

Voraussetzung dafür aber ist, dass sie überhaupt die (zeitliche) Möglichkeit erhalten, zum Einsatz zu kommen und dass sie hinreichend viel Erfahrung im Umgang mit Gefahren und den Tücken und Chancen des neuen Lebensraums beinhalten.

Je vielseitiger die Erfahrung eines Lebewesens im Umgang mit Gefahren ist und je mehr es von seinem Lebensraum kennt, umso wahrscheinlicher werden sich die neuen Programme gegenüber den alten Instinktprogrammen durchsetzen. Damit ist leider noch nicht gewährleistet, dass die lernabhängigen Steuerprogramme auch langfristig die besseren sein werden. Denn es gibt tatsächlich Steuerprogramme, die fast zwangsläufig in Krankheit oder Zerstörung führen.

Ein trauriges Beispiel dafür bieten die Lebensläufe von Kindern, die sich in ihren frühen Jahren auf eine Welt haben einstellen müssen, die geprägt war von Vernachlässigung, Missbrauch oder lang anhaltenden Bedrohungen. Die speziellen Überlebens- und Anpassungsprogramme, die daraufhin gespeichert worden sind, können so prägend sein, dass sie notwendigerweise in späteren Jahren in eine gesellschaftliche Außenseiterposition führen. Sexueller Missbrauch und früh auftretendes gestörtes Sozialverhalten sind in unserem Lande die deprimierendsten Beispiele. Während sexuell missbrauchte Kinder zumeist lebenslang auftretende Depressionen entwickeln, ist der frühe Mangel an Sozialisation mit schon im Kindesalter hoher Aggressivität offensichtlich ein Verhaltensprogramm, das mit großer Wahrscheinlichkeit spätere Gewalttätigkeit und dissoziales Verhalten nach sich zieht.

Das führt uns zum Thema unseres nächsten Kapitels, in dem es um Denken, Lernen und das „Unbewusste" geht.

Denken, Lernen und das „Unbewusste"

Vor ein paar Wochen bekam ich einen Brief, auf dem als Absenderin nur „Melanie" angegeben war. Er stammte von einer jungen Frau von Anfang zwanzig, die, so schrieb sie, gerade zusammen mit ihrem Freund in der Nähe von Hamburg eine Schreinerei aufgebaut hatte. Inzwischen habe sie über vieles in den weit zurückliegenden Jahren nachgedacht, vor allem über die schrecklichen Angstjahre, als ihr jeden Morgen schlecht geworden sei und sie vor jeder Prüfung gezittert habe. Sie bat mich, ihr doch Informationen über die damaligen Untersuchungen und die Behandlung bei mir zukommen zu lassen. – Das alles lag zwar schon etwa zehn Jahre zurück. Aber Melanies Geschichte war mir noch sehr gegenwärtig: Sie kam das erste Mal an einem Samstag. Damit sie unter der Woche keinen Schulunterricht versäumte. So die Eltern. Und weil die Eltern sich von ihrer Arbeitsstelle nicht frei nehmen könnten. Sie war damals gerade zehn, und es standen die „entscheidenden Arbeiten" für die Aufnahme ins Gymnasium bevor. Dabei hatte sie nur beste Zensuren und längst von der Lehrerin eine Gymnasialempfehlung bekommen. Sie war das einzige Kind sehr strebsamer Eltern, die um die fünfzig herum waren, und lebte in einem kleinen Weindorf nahe der Grenze zur Schweiz. Sie war immer ein stilles und überaus gewissenhaftes Mädchen gewesen und hatte von Anfang an im Mittelpunkt der Familie gestanden. Mit der Einschulung hatte ihre Leidensgeschichte begonnen: Alles musste sie perfekt machen, und vor allem Neuen hatte sie schreckliche

Ängste. Nicht nur vor Unangenehmem. Nein, auch wenn sie wusste, dass sie am Nachmittag des folgenden Tages zum Kindergeburtstag eingeladen war, konnte sie die Nacht davor nicht alleine in ihrem Bett schlafen. Sie war von Anfang an Klassenbeste gewesen, und dennoch fürchtete sie sich vor jeder Klassenarbeit. Immer rechnete sie damit, total zu versagen, und, wenn es darauf ankam, alles wieder vergessen zu haben. Inzwischen hatten ihre Klassenkameraden begonnen, sich ihrer Ängste wegen über sie lustig zu machen. Einige waren richtig wütend auf sie („Die stellt sich nur an!"). Denn bei fast jeder Klassenarbeit ging sie mit einem „sehr gut" nach Hause. Auch die Eltern hatten allmählich genug von Melanies „Theater". So wurde sie immer verzweifelter. Zum Glück traf sie in der dritten Klasse auf eine neue Lehrerin, die sich aufgrund eigener Erfahrungen mit Ängsten gut auskannte. Sie klärte die Eltern auf, dass Melanie sich nicht anstellte, sondern seit Jahren an einer Angststörung litt. Erst als sie hinzufügte, Melanies weitere Schulkarriere sei dadurch gefährdet, entschlossen sich die Eltern zu einer Vorstellung beim Kinderpsychiater. Nun, Melanie litt an einer „Generalisierten Angststörung, verbunden mit einer Trennungsstörung". Und die Nachfrage ergab, dass Angststörungen in der Familie der Mutter seit Generationen bekannt waren – nur dass sie nie richtig diagnostiziert und behandelt worden waren. Im Laufe der einjährigen Behandlung ging es ihr langsam immer besser. Vor allem war sie sehr mutig, ihren Klassenkameraden ganz offen zu erzählen, wie diese Ängste sie einfach überfielen und sie sich selber darüber ärgerte. Dadurch fand sie viel Sympathie, und sie wurde sozusagen mit zweijähriger Verspätung richtig in die Klassengemeinschaft aufgenommen. Danach hatte ich nichts mehr von ihr gehört, zumal die Familie auch nach Norddeutschland gezogen war.

Es gab auch in unserem Lande Zeiten, da war kaum eine Erinnerung von Erwachsenen so selbstverständlich mit Angst verbunden wie die Erinnerung an ihre Schulzeit. Leider gehören diese Zeiten auch heute noch nicht überall der Vergangenheit an. Das galt lange Zeit ebenso für den gesamten Bereich der Erziehung von Kindern. Bis heute hält sich hartnäckig – gegen alle Erkenntnisse der Forschung und gegen alle politischen Anstrengungen, Kinderrechte durchzusetzen – die Vorstellung, Erziehung sei ohne die Möglichkeit, Angst zu machen, gar nicht möglich. Insofern war Melanie eine „ganz normale Schülerin". Oder etwa nicht? Tatsächlich wurde ihre Störung ja auch erst in dem Moment anerkannt, als ihre Ängste den Lernerfolg zu gefährden drohten.

Warum eigentlich sind Angst und Lernen so eng miteinander verknüpft? Darin stecken eigentlich zwei Fragen. Erstens: Gibt es auch Lernen ohne Angst? Und zweitens: Was ist, wenn Angst immer wieder ohne Lernprozesse ausgehalten wird? Um die erste Frage geht es in diesem, um die zweite Frage im nachfolgenden Kapitel.

Lernen bedeutet Verknüpfung von Bekanntem mit Unbekanntem. Damit Lernen passieren kann, muss also zuerst einmal das Unbekannte hinreichend anders oder neu sein. Dann muss es irgendeine Kraft geben, die diese Umwandlung von „unbekannt" in „bekannt" vorantreibt, und schließlich soll das Ganze auch noch auf Dauer stabil bleiben. Seit wir „lernende Computerprogramme" kennen, wissen wir, dass Lernen durchaus kein Gehirn oder eine lebendige Nervenzelle voraussetzt, sondern überall da möglich ist, wo es einen Entscheidungsspielraum zwischen zwei Lösungen gibt, von denen sich die eine als die bessere erweist. Was das „Bessere" an der Lösung ist – das nachzuvollziehen, ist allerdings oft ziemlich kompliziert.

Ein Beispiel für einen typischen Lernprozess, den leider viele Kinder durchmachen, ist die Entstehung der Hundeangst. Nehmen wir Melanie als Beispiel, denn sie hatte neben ihren vielen Ängsten natürlich auch Angst vor Hunden:

Melanies Eltern hatten zu Hause mehrere Katzen und einen Hund. Und Melanie hatte sie, kaum dass sie laufen konnte, in ihr Herz geschlossen. Doch dann gab es diesen verflixten Montagnachmittag. Sie war damals vier Jahre alt und gerade erst ein paar Monate im Kindergarten. Sie spielte im Sandkasten des Kindergartens und wartete auf die Mutter, die sie nach der Arbeit würde abholen kommen. Sie hörte eine Autotüre klappen („Mama kommt mich holen!") und rannte zum Törchen, ihrer Mutter entgegen. Da flog auch schon das Törchen auf, aber nicht die Mutter erschien, sondern ein großer fremder Schäferhund sprang noch vor der Mutter herein. Er stieß Melanie beiseite und verschwand in der Haustüre des Kindergartens. Melanie schrie, die Mutter schrie, die Kindergärtnerin schrie. Melanie lag auf dem Boden, und es dauerte Stunden, bis sie sich einigermaßen wieder beruhigt hatte. Seit diesem Tag hatte Melanie Angst vor Hunden, nur nicht vor ihrem eigenen. Und es dauerte mehrere Wochen, bis sie wieder in den Kindergarten gehen konnte. Bis zum Ende ihrer Kindergartenzeit spielte sie nicht mehr im Sandkasten.

Melanies Hundeangst war das Ergebnis einer ganzen Kette von Lernprozessen. Das fing an mit ihrem Warten auf die Mutter, das heißt mit einer Situation, in der sie bereits unruhig war und ihre Sinne geschärft hatte. Innere Erregung oder „arousal" nennen das die Hirnforscher. Und sie haben herausgefunden, dass dieser Zustand, in dem Erwartungslust, Aufmerksamkeit und bereits ein gewisses Maß an Angstgefühlen gemischt sind, alle nachfolgenden Lernprozesse begünstigt. Dieser Zustand der geschärften Sinne führt auch dazu, dass sich zusätzlich alle Wahrnehmungen, die dem Angsterleben vorangehen, tief ins Gedächtnis eingraben. Der entscheidende Lernschritt passierte nun in dem Moment, als sie den großen unbekannten Hund sah und zu Boden geworfen wurde.

In diesem Augenblick erlebte sie alle drei Bedingungen, von denen wir heute wissen, dass sie – jede einzelne von ihnen – ausreichen, Angst auszulösen: Überraschung durch etwas Unbekanntes, Schmerz und Stress.

All das speicherte sie auf lange Zeit in ihrem Gedächtnis: Kindergarten, Sandkasten, Warten auf die Mutter, Klappen der Autotüre, großer unbekannter Hund, Hinfallen, Schmerz, Schreien von Mutter und Kindergärtnerin und wahrscheinlich noch vieles andere mehr. Als Melanie zehn Jahre alt war, hatte sie noch ihre Hundeangst und schreckte auch jedes Mal zusammen, wenn sie das Klappen einer Autotüre hörte. Auch das Warten auf die Mutter verband sie immer noch mit starken Angstgefühlen, interessanterweise fast ausschließlich am Nachmittag, wenn die Mutter noch nicht von der Arbeit zurückgekommen war. Nie zuvor hatte Melanie auf das Klappen der Autotüre hin Angst bekommen. Ganz im Gegenteil, wir können uns gut vorstellen, dass sie sich über dieses Geräusch gefreut haben muss. Nach dem Hundeüberfall aber war alles anders. Jetzt brauchte es überhaupt keinen Angstauslöser (Überraschung, Schmerz oder Stress) mehr. Das Geräusch der klappenden Autotüre war durch Lernverknüpfung selbst zum Angstauslöser geworden.

Lernpsychologen haben diesem Vorgang den Namen „klassische Konditionierung" gegeben. Und darauf basieren viele Erkenntnisse, die wir heute über Angstlernen haben. Sie haben ferner entdeckt, dass die meisten Lernergebnisse deswegen so stabil sind, weil der klassischen Konditionierung noch ein zweite Lernschritt folgt, die „operante Konditionierung". Damit ist Verstärkung oder Belohnung gemeint. Und Melanies nachfolgende Lerngeschichte ist voll von der häufigsten und mächtigsten Art von Verstärkern: der Angstminderung durch Vermeiden!

Jeder, der erlebt hat, wie sehr er immer dann fürchterliche Angst bekommt, wenn er mit einem Hund zusammentrifft, wird verständlicherweise fortan alles tun, um Hunden aus dem Wege zu gehen. Solange er keinem Hund mehr begegnet, mag das für ihn auch eine ganz brauchbare Lösung sein. Dann schlummert die Hundeangst nur irgendwo in seinem Gedächtnis, und er merkt nichts von ihr. Schlimm wird's erst, wenn er auch weiterhin auf Hunde trifft, es ihm aber gelingt, die nähere Konfrontation mit ihnen zu vermeiden. Dann vergrößert sich die Hundeangst und organisiert allmählich einen großen Teil seines gesamten Denkens und Verhaltens: Er wird ein ängstlicher Mensch, der vielleicht nach Jahr und Tag selbst vergessen hat, wo alles einmal seinen Anfang genommen hat. Das ist das Tückische an der „operanten Konditionierung durch Vermeidung", und das ist auch der Grund, weshalb man wirklich schlimme Ängste bei Kindern (aber auch bei Erwachsenen) nicht einfach unbehandelt lassen darf!

Das lernpsychologische Modell zur Angstentstehung hat sich für die Forschung und die Therapie als sehr nützlich erwiesen. Aber zum Glück ist unser Gehirn noch etwas komplizierter organisiert, als es dieses einfache Modell uns glauben machen will. Denn sonst würden wir ja alle im Laufe unserer Entwicklung von Tag zu Tag immer ängstlicher werden. Wo bleiben also all diese gelernten Angsterfahrungen? Die Lernpsychologen haben angenommen, dass sie im Laufe der Zeit durch positive Gegenerfahrungen „gelöscht" werden. Aber diese Vorstellung hat sich als nicht richtig erwiesen. Gelernte Angsterfahrungen lassen sich nicht mehr aus dem Gedächtnis entfernen. Sie bleiben tief in unserem Gehirn (im Mandelkern, vor allem aber im Hippocampus und auch in der Großhirnrinde) gespeichert. Dass wir dennoch nicht immer wieder von ihnen gequält werden, das liegt an einer Fähigkeit unseres Gehirns, auf der letztlich jede Psychotherapie, aber auch jede Form von Erziehung, ja, letztlich unsere gesamte Kultur beruht: Unser Gehirn kann durch Versuch und Irrtum („trial and error") und durch Übernahme von besseren Modellen sein Repertoire, mit dem wir auf eine Angstsituation reagieren können, erweitern.

Und damit sind wir bei der Beantwortung unserer Ausgangsfrage, ob es denn auch ein Lernen ohne Angst gibt. Die Antwort ist ein klares „Ja"! Das Lernen ohne Angst ist sogar die wichtigste Form des Lernens überhaupt. Auch diese Art zu lernen kommt nicht ohne Anregung aus. Die Anregung aber stammt aus der Neugier, das heißt der Lust am Unbekannten. Schmerz und Stress verhindern dieses Lernen. Das lustbetonte Lernen kann übrigens viel komplexere Zusammenhänge speichern als das Angstlernen. Und das, was wir Kreativität nennen, ist nichts anderes als der spielerische Erwerb neuer Programme, der uns Einbahnstraßen des Denkens erspart.

Wenig ängstliche Kinder erkennt man daran, dass sie phantasievoll und auch „riskant" spielen können. Im Spiel erfinden sie neue Wege, mit alten Ängsten umzugehen. So gesehen ist Spielen also eine „ganz ernste Angelegenheit", und wer Kinder anhaltend am Spielen hindert (und das geschieht bei uns heute vor allem durch die Bewegungseinschränkung der Kinder und durch das Viel-Fernsehen aus Langeweile!), der riskiert, dass Kinder immer ängstlicher werden.

Kinder, die viele Gelegenheiten bekommen, Neues angstfrei kennenzulernen, die ihrer Umgebung viele Alternativen abgucken können, wie man mit Angstsituationen umgehen kann, und die die Chance bekommen, sich alten Ängsten erfolgreich zu stellen (und genau das passiert in einer guten Psychotherapie!), lernen dadurch, mit weniger Ängsten und größerem emotionalem und intellektuellem Wissen durchs Leben zu gehen. Und dennoch können die alten Ängste immer wieder durchbrechen, wenn ein Kind krank wird oder unter Stress steht. Dann zeigt sich, dass die Ängste eben nicht „gelöscht" worden sind, sondern in der Tiefe des Unbewussten weiterschlummern. Daher kann auch eine Psychotherapie keine Ängste nehmen, sie kann nur – und das ist gar nicht wenig – ein Kind in die Lage versetzen, Angstsituationen anders zu bewerten und angemessener auf sie zu reagieren.

Wenn wir uns das alles vor Augen führen, dann wird uns auch die tiefere Wahrheit des Satzes verständlich: „Angst macht dumm!" In meiner psychotherapeutischen Arbeit treffe ich tagtäglich auf solche „dummen Kinder". Und ohne dass die Lehrerin eingegriffen hätte, wäre aus Melanie eines Tages genauso ein dummes Mädchen geworden, das auch in vielen Schulfächern nicht mehr die Leistung hätte erbringen können, die man ihr aufgrund ihrer Intelligenz zugetraut hätte. In testpsychologischen Untersuchungen, also auch in Intelligenztests, kann man übrigens sehr deutlich den Unterschied zwischen der potentiellen Begabung eines Kindes und seiner aktuellen Leistungsfähigkeit herausfinden.

Kehren wir am Ende dieses Kapitels noch einmal zu Melanie zurück, das heißt zu dem, was sie im Verlaufe ihrer psychotherapeutischen Behandlung über sich herausgefunden hat. Nachdem sie gelernt hatte, in Situationen, in denen sie viel Angst hatte, sich dadurch zu beruhigen, dass sie auf ihren Körper und ihre „verrückten Gedanken", wie sie sie nannte, besser horchen konnte, da kam eine Melanie zum Vorschein, die den Eltern bis dahin verborgen geblieben war, die „schwierige Melanie". Melanie war nämlich durchaus nicht immer damit einverstanden gewesen, so viel alleine bleiben zu müssen und leise in ihrem Zimmer zu spielen, damit die von der vielen Arbeit abgespannten Eltern Ruhe hatten. Auch hatte sie ziemlich häufig Dinge kaputt gemacht, wovon die Eltern gar nichts mitbekommen hatten, weil immer wieder Spielsachen „einfach irgendwie verschwunden" waren. Es stellte sich heraus, dass sie ganz schön Mühe hatte, ihre Wut auf die Eltern unter Kontrolle zu halten. Da gab es also so manche Konflikte, die sie nie hatte lösen können.

Diese Themen zu besprechen war ungleich viel mühsamer, als ein „Angstbewältigungstraining" erfolgreich zu erlernen. Außerdem ging das nicht ohne die Eltern. Die nachfolgende Familientherapie verlief so, wie ich sie häufig erleben kann. Zuerst waren die Eltern verwirrt, als sie erfuhren, wie sehr sich Melanie viele Jahre lang zusammengenommen hatte, um die Eltern nicht zu belasten. Dann löste die Verwirrung über Melanie bei den Eltern selbst kritische Gedanken über ihr Verhältnis zur Arbeit aus. Das Ergebnis war, dass der Vater seine Arbeitsstelle wechselte, um in einem Bereich zu arbeiten, den er sich nie zugetraut hatte, und die Mutter bereit war, sogar den Ort zu wechseln, um eine Fortbildung zu machen.

Auch in dieser Hinsicht war Melanie „typisch", diesmal nicht als Schülerin, sondern als Kinderpatientin. Ihre Angststörung hatte die gesamte Familie in eine Situation gebracht, in der sich einfach etwas ändern musste. Doch erst die psychoanalytische Kindertherapie selbst mit Aufdecken von Konflikten und der Einbeziehung der Eltern hatte die Familie aus eingeschliffenen Bahnen geholt und auch den Erwachsenen Lösungen ermöglicht, die sie sich zuvor nicht zugestanden hatten.

Verdrängte Konflikte erzeugen eine erhöhte Angstbereitschaft. Genau das hatte der Wiener Arzt Sigmund Freud vor über hundert Jahren bei vielen seiner Patienten herausgefunden und darauf seine Theorie des „Unbewussten" aufgebaut. Noch heute hat Freuds Modell der Angstentstehung große Bedeutung, und auf ihm basieren überwiegend die Erfolge der psychoanalytischen Methode der Kindertherapie. Was Freud allerdings noch nicht wissen konnte und was erst die moderne Hirnforschung herausgefunden hat, das ist die Tatsache, dass die Ängste der meisten Kinder nicht Konfliktängste sind, sondern die Folge von früh erworbenen Angstmustern (die gar nicht mehr bewusst gemacht werden können), von einer Einschränkung ihrer emotionalen Lernmöglichkeiten und von einer zu hohen Stressbelastung im Alltag.

Es gibt nun seit einigen Jahren immer mehr Hinweise darauf, dass nicht nur die Ängste der Kinder in unserer Gesellschaft zunehmen, sondern auch ihre Anfälligkeit für Depressionen. Um diesen Zusammenhang von Angst, Stress und Depression wird es deswegen im nachfolgenden Kapitel gehen.

Angst – Stress – Depression

Diese drei Begriffe sind eng miteinander verwandt, und doch lohnt es sich, einmal genauer hinzuschauen, was sie unterscheidet. „Angst" ist, wie wir gesehen haben, eine bewusste oder unbewusste Wahrnehmung des Gefühls von Bedrohung. Wir haben **vor** etwas Angst, auch wenn wir es nicht genau benennen können. Wenn wir allerdings überdreht sind – und auch das muss uns nicht bewusst sein –, dann stehen wir **unter** Stress. Stress ist also so etwas, wie ein zu schwerer Rucksack, den wir nur mit Ächzen und Stöhnen schleppen können. Sein Gewicht führt uns an unsere Grenzen, aber wir können den Sack immerhin noch tragen und haben noch die Hoffnung, ihn wieder loswerden zu können. Stress spornt uns sogar an und mobilisiert Kräfte in uns, die wir ohne diese Überforderung vielleicht gar nicht gekannt hätten. Wenn wir allerdings die Hoffnung aufgegeben haben, ihn je wieder loswerden zu können, den schweren Rucksack, dann **sind** wir depressiv.

Es ist unsere **Bewertung** der Aufgabe, den Rucksack zu schleppen, die uns Angst spüren, unter Stress stehen und depressiv sein lässt. „Stress" ist heute ein Modewort. Wir benutzen es wie einen Joker beim Kartenspiel. Wenn wir sagen, das Leben sei „stressig", dann brauchen wir nicht zuzugeben, dass wir vor etwas Angst haben oder dass wir uns hilflos-depressiv fühlen. Viele benutzen das Wort „Stress" auch, wenn sie nicht sagen wollen, dass sie zu etwas gar keine Lust haben.

Es ist deswegen so wichtig, Angst, Stress und Depression auseinanderzuhalten, weil sich die Möglichkeiten, mit ihnen erfolgreich umzugehen, erheblich unterscheiden. Welche Chancen Kinder haben im Kampf gegen die Angst, davon handelt dieses Buch. Was sich hinter einer Kinderdepression verbirgt und wie sie sich behandeln lässt, das habe ich in meinem Buch „*Wenn Kinder nicht mehr froh sein können – Depressionen bei Kindern erkennen und helfen*", erschienen im Jahre 2000 im Herder Verlag Freiburg, ausgeführt. Dass aber bereits Kinder unter Stress stehen und sogar stressbedingte Krankheiten entwickeln können, das wird selbst von Fachleuten noch nicht ausreichend ernst genommen. Dabei haben in den letzten fünfzig Jahren in unserem

Lande genau die psychischen Krankheiten unter den Kindern und Jugendlichen zugenommen, die auf

„Stress" =
körperlich-seelische Fehlanpassungsreaktionen aufgrund
unkontrollierbarer Überforderung

zurückzuführen sind. Warum ist das so, dass zwar alle Welt von „Stress" spricht, dass aber zugleich die stressbedingten Krankheiten bei Kindern noch so wenig als solche verstanden werden? Ich vermute dafür vor allem drei Gründe:

1. Stresskrankheiten bei Kindern sehen zumeist ganz anders aus als die klassischen psychosomatischen Stresskrankheiten bei Erwachsenen (Bluthochdruck, Magen-Darm-Geschwüre, Herzinfarkt u. a. m.).
2. Chronische Überforderungsstörungen bei Kindern werden fast ausschließlich im Leistungsbereich, also vor allem in der Schule, wahrgenommen.
3. Kindliche Stress-Symptome wie z. B. Schlafstörungen, Nervosität, Nägelkauen, Unruhe usw. sind sehr weit verbreitet und treten auch bei kurzfristiger Überbeanspruchung auf.

Was aber sind nun echte Stress-Störungen bei Kindern und Jugendlichen? Da sind zum einen die „psychophysiologischen Störungen", also Krankheiten, die sich vor allem im körperlichen Bereich zeigen. Dazu gehören Allergien, vor allem die Neurodermitis, Asthma bronchiale, Akne, Kopfschmerzen, Essstörungen, auch Adipositas (Fettsucht), Schlafstörungen mit Alpträumen und Pavor nocturnus (Nachtschreck), chronische Müdigkeit, Konzentrationsstörungen, allgemeine motorische Unruhe, erhöhte Infektanfälligkeit, ausbleibende oder verzögerte Menstruation, Rückenschmerzen, häufige diffuse Körperschmerzen, Einnässen u. a. m. Aber auch schwerere psychische Störungen, die sich vor allem im Verhalten äußern, gehören dazu, wie Lernstörungen oder soziale Störungen, vor allem erhöhte Aggressivität, Depressionen mit suizidalem Denken und Suizidversuchen sowie Drogensucht, wozu bei Jugendlichen in erster Linie Alkohol- und Nikotinsucht gehören. Zur Zeit ist jedes dritte Kind in unserem Land allergiekrank, vierzehn Prozent aller Kinder gelten heute als „chronisch krank".

Natürlich haben fast alle dieser Krankheiten noch andere als Stressursachen, aber der Stress spielt bei ihnen eine zentrale Rolle, wenn man untersucht, warum sie ausbrechen, vor allem aber, warum sie chronisch werden können.

Viele Eigenarten kindlicher Stresskrankheiten werden verständlicher, wenn wir uns klarmachen, dass die **Stressreaktion** aus der Aktivierung von drei Systemen besteht und sich damit klar von der Angstrektion unterscheiden lässt:

	▶ **ANTREIBEN** (Adrenalin, Noradrenalin, CRH*, Cortisol)
UNKONTROLLIERBARE BELASTUNG (STRESSOR)	▶ **UNTERDRÜCKEN** (CRH*, Cortisol, Neurosteroide)
	▶ **RÜCKKOPPELN** (Cortisol)

*Corticotropin-Releasing Hormon

Was Kinder betrifft, kennen wir heute eine ganze Reihe von **Stressoren**, das heißt Bedingungen, die Kinder überfordern. Dazu gehören die Zerstörung familiärer Bindungen, Armut und soziale Deprivation, Gewalt, vor allem sexuelle Gewalt, Zerstörung ihrer Spiel-Räume durch den Autoverkehr, Vernichtung freier, unverplanter Zeit-Räume für Muße und Langeweile, vor allem durch das Fernsehen, zu frühe Anpassung an die Leistungs- und Konsumwelt der Erwachsenen, Schadstoffbelastung von Luft, Wasser, Boden, Wohnräumen und Nahrungsmitteln.

Anders als bei der Angstreaktion wirken diese Stressoren über eine lange Zeitdauer auf ein Kind ein. Aber ebenso wie angstauslösende Bedrohungen können Stressoren bewusst und unbewusst wahrgenommen werden. Ein typisches Beispiel für einen Stressor, der wirkt, ohne dass er unser Bewusstsein erreicht, ist eine Infektion, also die Belastung unseres Körpers mit Viren oder anderen Erregern.

Wenn ein Jugendlicher durch einen einzigen Telefonanruf mit Partyeinladung für den Abend aus tiefster Null-Bock-Stimmung plötzlich auftaucht und sich zumindest für dreißig Minuten in einen quirligen Unterhalter verwandelt, dann verdankt er das einer milden Stressreaktion. Könnte er nun in sich hineinhorchen und -sehen, dann wäre er wahrscheinlich fasziniert, wie perfekt aufeinander abgestimmt solch eine Stressreaktion in seinem Innern abläuft:

Die Stresshormone Adrenalin und Noradrenalin verbessern blitzschnell seine Reaktionsfähigkeit, sein Gehirn (Hippocampus und Hypothalamus) schickt das wichtigste der Stresshormone (CRH) in seine entscheidenden Gefühlszentren und in die Hypophyse. Dort, in der Hirnanhangsdrüse, werden die meisten Hormon-Regelsysteme des Körpers gesteuert. Und darum kann es nicht ausbleiben, dass der CRH-Anstieg den gesamten Körper, aber auch Geist und Seele (über den „blauen Kern", den locus coeruleus) umstimmt. So steigt der Blutdruck, wird Zucker zur Energiegewinnung bereitgestellt und die Wachheit erhöht. Die motorische Unruhe nimmt zu. Der gesamte Körper gerät in eine freudige Angriffsstimmung. Dieses CRH ist nun über die Hypophyse (→ACTH) und die Nebennierenrinde (→Cortisol) in einen wichtigen Regelkreis eingebunden, der so konstruiert ist, dass jede Stressreaktion nach etwa dreißig Minuten wieder gebremst und heruntergefahren wird.

Man kann sich leicht vorstellen, warum manche Jugendliche (aber Erwachsene und Kinder natürlich genauso) geradezu süchtig darauf sein können, sich durch Stress immer wieder den „Kick" zu holen, der ihnen depressive Gefühle und Langeweile ersparen soll. Bei Kindern gibt es etwas, was ebenfalls (zum großen Teil) auf die beschriebe Stress-Lust zurückzuführen ist. Da sieht man, dass sie aus Langeweile heraus plötzlich ein anderes Kind angreifen oder ein Spielzeug demonstrativ kaputtmachen, in der Absicht, Aufmerksamkeit – und sei es durch Bestrafung – zu bekommen. Gerade bei vernachlässigten Kindern, die stets Gewalt oder Beschämung als Form der Zuwendung erlebt haben, kann man solche Szenen Dutzende Male am Tag beobachten. Zudem kann man die bei allen Kindern für ihre Entwicklung so wichtige „Fähigkeit zum Allein-Sein" tatsächlich völlig verkümmern lassen, wenn man glaubt, Kinder wie kleine Konsumenten immer wieder stimulieren zu müssen. Es hilft den Kindern mehr, wenn sie mit einem maulenden „Mir ist so langweilig!" selber nach Abhilfe suchen müssen, als wenn sie damit den Zugang zum Phantasie tötenden Fernseher erzwingen können.

Zur Stressreaktion gehört außer dem **Antriebssystem** ein **Unterdrückungssystem**. Das eine ist ohne das andere nicht zu haben. Das CRH selbst unterdrückt Hunger, Appetit und Sexualität. Bleibt es längere Zeit erhöht, dann nimmt die Angst (über den „blauen Kern") zu. Dieses Phänomen zu kennen, ist besonders wichtig, wenn Eltern oder Lehrer es mit einem Kind zu tun haben, das von Anfang an immer durch seine Ängstlichkeit aufgefallen ist. Da ist es oft erfolgreicher, darauf zu achten, dass es von jeglicher Art von Stress weitgehend abgeschirmt wird, als über den Inhalt oder die Ursachen seiner Ängste nachzudenken. Cortisol nun, das Stresshormon der Nebennierenrinde, baut die Fettreserven des Körpers ab und bewirkt damit die Freisetzung der gesundheitsschädlichen Fetteiweißverbindungen. Vor allem aber unterdrückt Cortisol die körpereigene Abwehr (über „Interleukine") gegen krankmachende Erreger. So kann man sich erklären, weshalb Kinder, die lange unter Stress stehen, immer wieder „auf der Nase liegen".

Erst vor einigen Jahren wurde die Entdeckung gemacht, dass Nervenzellen des Gehirns selber einen Stoff nach dem Bauplan des Cortisols herstellen können. Die Forscher nannten diesen rätselhaften Stoff „Neurosteroid". Interessanterweise ist dieser Stoff in der Lage, Angstreaktionen zu dämpfen. Könnte es sein, so fragen sich die Forscher inzwischen, dass das Gehirn sich damit selbst gegen zu starke Angstreaktionen schützt, wenn es unter Stress steht? Könnte es also sein, dass bei Kindern, die auf jegliche Form von Belastung mit starker Angst reagieren, etwas an diesem Selbstschutzsystem defekt ist?

Dass solche Überlegungen nicht aus der Luft gegriffen sind, haben andere Forschergruppen vor einiger Zeit gefunden. Man wusste schon lange, dass Menschen, die unter schweren Ängsten und Depressionen leiden, Nervenzellen besitzen, die viel zu viel CRH produzieren. Dem liegt zumeist zugrunde, dass das **Rückkoppelungssystem** durch Dauererhöhung von Cortisol überreizt worden ist. Diesem Befund kommt in der Erklärung von Depressionen und Ängsten bei Kindern und Erwachsenen eine zentrale Bedeutung zu. Denn er findet sich bei Lebewesen, die intrauterin oder in ihrer frühesten Entwicklung starkem Dauerstress ausgesetzt gewesen sind. Das Nervensystem hat nämlich daraufhin übermäßig viele Rezeptoren für das Stresshormon Cortisol ausgebildet. Durch zu viel „frühen" Stress sind diese Lebewesen also lebenslang stressempfindlicher gemacht worden.

In den letzten Jahren war es Mode, Freuds Betonung der prägenden Bedeutung der frühen Jahre zu belächeln. Inzwischen bestätigen aber die Ergebnisse der modernen Hirnforschung, wie wichtig frühe Erfahrungen für die gesamte nachfolgende Persönlichkeitsentwicklung, insbesondere für die emotionale Entwicklung, sind. Diese frühe Prägung geschieht ganz offensichtlich nicht nur durch Gedächtnisbildung, sondern auch über die Herausbildung veränderter Hirnstrukturen, die der frühen Erlebniswelt des noch unreifen Kindes angemessen waren, im späteren Leben aber einen Erwachsenen über Gebühr verletzbar („vulnerabel") machen. Inzwischen konnten Forscher in Tierexperimenten sogar nachweisen, dass man Lebewesen auffallend widerstandsfähig gegen Belastung machen kann – indem man ihnen in der frühesten Entwicklungszeit besonders viel mütterliche Umsorgung mit Hautkontakt zukommen ließ.

Es gibt nun aber auch eine Gruppe von Menschen (man schätzt ihren Anteil auf zwanzig Prozent unserer Bevölkerung), die trotz hohem Stresserleben einen auffallend niedrigen Cortisolspiegel haben. Diese Menschen fühlen sich ganz schnell müde und erschöpft und leiden bereits bei geringster Belastung unter Stresssymptomen und Schmerzen, z. B. chronischen Rückenschmerzen. Dazu muss man wissen, dass Cortisol selbst ähnlich wie Aspirin als schmerzdämpfendes Mittel wirkt. Bei diesen Menschen „liegen die Nerven blank". Bis jetzt kennt man noch nicht alle Gründe für diese eigenartige Schutzlosigkeit. Sicher ist bisher, dass genetische Gründe dabei eine wichtige Rolle spielen.

Diese Betrachtungen zum Thema „Stress" können uns verstehen helfen, warum es nicht ausreicht, sich alleine mit den Inhalten der Kinderängste zu beschäftigen. Angstinhalte sind austauschbar, und sie ändern sich im Laufe der Entwicklung ganz rasch – wie wir in den folgenden Kapiteln sehen werden. Wichtig am Zusammenhang von Angst und Stress ist die Tatsache, dass jedes Kind im Laufe seiner frühen Entwicklung ein mehr oder weniger „dickes Fell" erwirbt und mit diesem dann altersspezifische Ängste oder aber auch schlimme Erlebnisse auszuhalten hat. Immer wieder quälend erlebte Ängste verursachen Stress. Und jede Form von nicht abklingenden Stressbelastungen macht ein Kind ängstlicher. Spätestens dann, wenn bei einem Kind neben Ängsten typische Symptome einer Stresserkrankung auftauchen – wie zum Beispiel immer wieder auftretende Infekte – ist ein Zustand eingetreten, der mehr verlangt als die reine Angstpsychotherapie. Ein solches Kind lebt in einer Welt unkontrollierbarer Belastungen und läuft große Gefahr, für seine nachfolgende Entwicklung eine erhöhte emotionale Verletzbarkeit zu entwickeln.

Zum Abschluss dieses Kapitels noch ein paar Gedanken zum Zusammenhang von Angst und Depression bei Kindern. (Ausführliches kann man in meinem oben genannten Buch über Kinderdepression nachlesen.) Viele Kinder, die eine Depression entwickelt haben, leiden vor allem unter den damit verbundenen Ängsten. Das sind Ängste oft ganz besonderer Art, viele muten bizarr und schwer einfühlbar an. Häufig geht auch eine längere Zeit diffuser Ängste dem Beginn einer Kinderdepression voran. Der Zusammenhang zwischen Ängsten und Depression ist bei Kindern erstens sehr häufig und zweitens in seiner Dynamik nicht einfach zu durchschauen. Daher sollte jeder, der sich an die Behandlung einer Kinderangststörung heranwagt, vorher – möglichst durch einen Facharzt für Kinderpsychiatrie – prüfen lassen, ob es sich nicht um Angstsymptome im Vorstadium einer Depression handelt. Die umgekehrte Konstellation ist leider auch nicht selten. Da wird ein Kind lange Zeit unter der Diagnose einer Depression behandelt, weil es ganz offensichtlich leidet, und es zeigt sich kein Fortschritt in der Behandlung. Der Grund ist, dass das Kind eigentlich an einer Angststörung leidet und gemeinsam mit seinem Therapeuten Angst auslösende Situationen über die gesamte Dauer der Behandlung vermieden hat.

Die Unterscheidung zwischen einer Angststörung und einer Depression im Kindesalter kann also selbst für einen Fachmann

nicht einfach sein. Aber es ist ja auch die Aufgabe eines Spezialisten, erst einmal eine genaue Diagnose zu stellen, bevor er zu einer Behandlung rät. Was allerdings Symptome einer unkontrol-
lierbaren Überforderungssituation („Stress") bei Kindern sind,
das sollten nicht nur Spezialisten, sondern in erster Linie Eltern,
Erzieher und Lehrer wissen.

III. Normale Ängste

In der Schwangerschaft

Wenn eine Mutter mit ihrem Kind zu einem Arzt oder Psychologen geht und dort Fragen zur Vorgeschichte ihres Kindes beantworten soll, dann wird sie damit rechnen müssen, dass sie auch zu der Zeit vor seiner Geburt etwas erzählen soll. Ich selbst als Fragender habe bei solchen Anamnesefragen immer ein ungutes Gefühl, seit mir Mütter erzählt haben, was sich dabei in ihnen abspielt. Die meisten Mütter suchen sowieso erst einmal die „Schuld" für die Probleme ihres Kindes bei sich selber. Und jetzt auch noch Fragen zur Schwangerschaft ...

Vielleicht trägt es etwas zum angstfreieren Umgang mit der Schwangerschaft bei, wenn man sich vor Augen führt, was wir heute über die normalen Gefühle von Mutter und Kind, über Risiko- und über Schutzfaktoren in der Schwangerschaft wissen.

Wenn eine Frau erfährt, dass sie schwanger sei, dann wird sie mit starken Gefühlen darauf reagieren. Und auch wenn die Schwangerschaft gewollt, vielleicht ein Kind sogar ersehnt worden ist, dann werden diese Anfangsgefühle nie frei von Angst sein. Ist sie gegen ihren Willen schwanger geworden, muss sie gar mit schlimmen Konsequenzen seitens ihrer Eltern oder ihres Partners rechnen, so kann die Angst so groß werden, dass sie sich mit depressiven Gedanken bis hin zum Suizid oder zur Abtreibung beschäftigt. Wenn man den Daten klinischer Forscher Glauben schenken kann, dann gehören die Kinder, die von der Zeugung an mit Freude erwartet worden sind, zu einer kleinen Minderheit. Angst der Mutter zu Beginn ihrer Schwangerschaft ist also nicht die Ausnahme, sondern der Normalfall. „Werde ich eine gute Mutter sein?" – „Wie werden sich die Beziehung zu meinem Partner, wie meine Chancen für Ausbildung und Berufstätigkeit verändern?" Solche Fragen gehören noch zu den bewussten Inhalten. Eher unbewusst dagegen wirken wieder erwachende Konflikte mit dem Elternhaus und mit dem Annehmen der eigenen Geschlechtsrolle.

Es ist hilfreich, mit einer Mutter, die ihr Kind bei einem Arzt oder Psychologen vorstellt, um die Erinnerung an diese ganz frühen Schwangerschaftsgefühle zu ringen. Denn wenn sie verdrängte Gefühle und Bilder bewusst erinnern kann, dann verlieren solche Erinnerungen ihre belastende Auswirkung auf die aktuelle Beziehung zum Kind.

Väter fühlen sich zumeist erst dann in die Realität der Schwangerschaft ihrer Partnerin einbezogen, wenn sie sich ihrer Mitverantwortung stellen oder wenn sie spüren, dass sich irgendetwas in der sexuellen Beziehung zwischen ihnen beiden ändert. Ich bin immer wieder erstaunt, wie viele werdende Eltern ihre sexuelle Beziehung zueinander abbrechen, sobald die Schwangerschaft bekannt ist. Und dies, obwohl schon seit langer Zeit bekannt ist, dass Sexualität und Schwangerschaft sich nicht nur gut miteinander vertragen, sondern dass darüber hinaus sexuelle Enthaltsamkeit einen eigenen Belastungsfaktor für die – ja oft noch junge – Beziehung zweier sich liebender Menschen darstellt.

Wenn in der sechzehnten bis zwanzigsten Schwangerschaftswoche erstmals Kindsbewegungen gut spürbar werden, wird das Kind zum Gegenüber. Vorstellungen, wie es wohl sein wird, ein Mädchen oder ein Junge, so wie die Mutter oder der Vater, begleiten ein Kind lange, bevor es überhaupt zur Welt gekommen ist. Auch wenn damit starke Gefühle seitens der Mutter verbunden sind, so gibt es jedoch bislang keinen Hinweis, dass sie in irgendeiner Weise dem erwarteten Kind (dem Föten) schaden könnten. Wenn es emotionale Einflüsse auf ein Kind in diesem mittleren Teil der Schwangerschaft gibt, dann lediglich darüber, dass in der Mutter eine anhaltende Stress-Situation entsteht. Wenn in der werdenden Mutter die Konzentration des Stresshormons Cortisol über längere Zeit erhöht ist, steigt damit die Menge von CRH in der Plazenta. Und das hat zur Folge, dass der Fötus selbst unter Stress gerät – messbar in einer Steigerung seiner Herzschlagrate.

Drei Beobachtungen sollten Anlass zum Nachdenken geben: Zum einen sind Föten gestresster Mütter vor und nach der Geburt unruhiger und haben auffallend häufig Schlafprobleme. Zum andern kommen sie eher untergewichtig zur Welt. Niedriges Geburtsgewicht aber ist ein Hauptrisikofaktor für eine krankheitsanfällige Entwicklung in der Kindheit und für spätere Herzerkrankungen. Die dritte Beobachtung aber ist für unser Thema von besonderer Bedeutung: Schon im Mutterleib gestresste Kinder sind auffallend ängstlich. Sie kommen sozusagen mit einem „dünnen Fell" zur Welt.

Frauen, die daraus Konsequenzen zum Beispiel für ihre Berufstätigkeit während der Schwangerschaft ziehen wollen, sollten nun nicht den Fehler machen, Berufstätigkeit mit Stress gleichzusetzen. Wie im Kapitel 6 dargestellt, spielt beim Phänomen Stress die subjektive Bewertung einer Belastung die entscheidende Rolle. Und ich habe viele werdende Mütter gesehen, die mit ihrer erzwungenen Berufsabstinenz überhaupt nicht gut zurecht gekommen sind, z. B. weil ihnen die soziale Einbindung und eine Orientierung an einer Aufgabe gefehlt haben. Weitaus am häufigsten sind es Partnerschaftsprobleme, die für lang anhaltenden mütterlichen Stress verantwortlich sind.

Eine weitere Quelle für eine vorgeburtliche Entwicklungsgefährdung geht von Nikotin aus, und Nikotin in einer stresserzeugenden Dosis erhält ein Fötus auch durch das „Passivrauchen" seiner Mutter.

Zum Glück spielt für Kinder in unserem Lande nur sehr selten ein vorgeburtlicher Risikofaktor eine Rolle, der in armen Gebieten unserer Welt an erster Stelle steht, um körperliche, seelische und geistige Fehlentwicklung in der Schwangerschaft zu erklären: Hunger, und hier besonders der Mangel an Eiweißen.

Doch zurück zu dem Thema der Gefühle in der Schwangerschaft. Wir wissen heute, dass Föten schon sehr früh in der Schwangerschaft ihre Sinnesorgane ausbilden. Aber was heißt das? Fühlen sie wirklich etwas dabei, wenn sie schmecken, riechen, hören und sehen können? Wir können diese Frage bis heute nur unzureichend beantworten. Nun gibt es aber einige Beobachtungen der Schlafforscher, die uns hellhörig machen sollten. Von der sechsunddreißigsten Schwangerschaftswoche an kann ein Fötus schlafen, wachen und träumen. Das heißt, anfangs träumt er überhaupt nur, wenn er schläft. Und bei der Geburt besteht sein Schlaf immer noch aus einer Hälfte Erholungsschlaf und einer

Hälfte Traumschlaf. Nun, der Traumschlaf (REM-Schlaf, genannt nach den schnellen Augenbewegungen, Rapid Eye Movements, beim Träumen) scheint für die Gehirnentwicklung des Föten wie des Kindes eine ganz wichtige Rolle zu spielen. In ihm werden Sinneseindrücke sortiert und abgespeichert. (Genaueres können Sie in meinem Buch „So finden Kinder ihren Schlaf", erschienen im Jahre 2001 im Herder Verlag Freiburg, nachlesen.)

Es gab immer schon Eltern, die die aufregende Beobachtung bei ihrem Säugling machten, dass er auf Töne, Musik oder Geräusche, mit denen er im letzten Monat vor der Geburt beschallt worden war, besonders aufmerksam hinhörte. Die REM-Schlaf-Untersuchungen bei Föten machen dieses Phänomen nun wissenschaftlich erklärbar: Der Säugling reagiert eben bevorzugt auf Töne, die er schon kennt, die sich in seinem Gedächtnis schon vor der Geburt eingeprägt haben.

Wenn es aber bereits im Mutterleib Gedächtnisbildung gibt, dann kann es auch eine vorgeburtliche Gedächtnisspeicherung für Emotionen geben. Bei Tieren ist dieses Phänomen schon nachgewiesen worden. Wir dürfen uns diese Vorgänge aber nicht so einfach vorstellen, als brächte der Säugling sozusagen die mütterlichen Ängste des letzten Schwangerschaftsmonats mit auf die Welt. Wohl aber kann man vermuten, dass Sinneswahrnehmungen, die mit Stress gekoppelt („konditioniert") worden sind, als Bedrohungen, also als eigene Stressoren, abgespeichert werden.

Zu Beginn des letzten Jahrhunderts hat die Theorie eines Arztes große Aufmerksamkeit erregt, die dahingehend lautete: Alle späteren Ängste lassen sich auf die Urangst zurückführen, die mit dem „Trauma der Geburt" einhergeht. Nach heutigem Wissen müssen wir eher skeptisch gegenüber dieser Vorstellung sein, auch wenn es viele Menschen gibt, die davon überzeugt sind, ihre Geburtsangst im Rahmen einer Psychotherapie wiedererlebt zu haben. Zwar sind die Belastungen eines Säuglings bei der Geburt erheblich, aber er bringt auch spezielle hormonelle Schutzmechanismen mit, die ihn dieses Ereignis besser bewältigen lassen. Ängste, die tiefe Gedächtnisspuren hinterlassen, sind aber, wie wir gesehen haben, entweder mit hoher Angstbereitschaft und länger einwirkendem Stress verbunden, oder aber – wie die durch ein punktuelles Trauma ausgelöste Angststörung PTSD (= Post-Trau-

matic **Stress D**isorder) – sie durchbrechen alle natürlichen seelischen Schutzmöglichkeiten eines Menschen unter völlig unge-
wöhnlichen überraschenden Bedingungen.

Ebenso wie der Säugling wird auch die Mutter durch besondere hormonelle Umstellungen gegen eine zu belastende Wahrnehmung des Geburtsvorgangs geschützt. Auch wenn die Geburt
natürlicherweise mit Schmerzen verbunden ist (Schmerzen, die
durch die heutige Hebammenkunst erheblich gemindert werden
können), so scheint doch die nachfolgende Freude über das neu-
geborene Kind dazu beizutragen, dass rückblickend die meisten
Mütter den Geburtsvorgang selber nicht mit starken Angstgefühlen besetzt haben.

Für die Angstbereitschaft, die Stressanfälligkeit bzw. das
„dicke Fell" spielt die Zeit der Schwangerschaft, vor allem in den
letzten zwei Monaten, eine wichtige Rolle. Diese ganz frühe, vorgeburtliche Erfahrung bringt ein Kind also mit auf die Welt. Und
wenn wir von „angeborener Angstbereitschaft" sprechen, dann
sollten wir nicht nur an die zweifellos wichtige Vererbung und an
Instinktprogramme denken, sondern auch an das Stück Geschichte, das Mutter und Kind bereits am Ende der Schwangerschaft gemeinsam geschrieben haben.

Im Säuglingsalter

Lange Zeit, bevor ein Säugling mit seinem Gesichtsausdruck
Angst anzeigen kann, „weiß" seine Mutter genau, wann er Angst
hat. Diese wunderbare Einrichtung der Natur garantiert dem
Neugeborenen Schutz und Sicherheit, ohne dass er sich erst verständlich machen muss. Dem entspricht die Begabung seiner „intimen Bezugsperson", also in den meisten Fällen der Mutter, sich
von Anfang an „richtig" in ein Kind einfühlen zu können. Doch
die Natur hat nicht nur die leibliche Mutter mit dieser Begabung
ausgestattet, sie kann sie auch im Vater und überhaupt in jedem
Menschen wachrufen, der sich intensiv (und dazu braucht man
Zeit) auf einen Säugling einlässt.

Es zählt das tausendfache Austauschen von kleinen Signalen
über die Haut, das Gehör, das Sehen, überhaupt über alle Sinne.

In den ersten Monaten spielen dafür das Fühlen über die Haut, das Riechen und das Hören die wichtigste Rolle. Erst später, wenn ein Kind etwa drei Monate alt ist, kommt dem Sehen (Blickkontakt) eine vergleichbar wichtige Bedeutung zu. Daher macht eine Mutter auch von Anfang an „intuitiv" alles richtig, wenn sie ihren Säugling, wenn sie denkt, er fühlt sich nicht wohl, an sich drückt und summt oder zu ihm spricht und dabei eben keinen Wert auf Blickkontakt legt.

Ein vollständiges Angstgedächtnis wird bereits ab dem vierten Monat ausgebildet, aber erst ab dem siebten Monat kann das Gefühl der Angst über Mimik und Händchensprache eindeutig mitgeteilt werden kann. Wie wir aus den Ausführungen im Kapitel 5 wissen, können wir daraus nun nicht schließen, ein Säugling habe im ersten Lebenshalbjahr noch gar kein Gefühl für Angst. Eher dürfte es sich so verhalten: Er kann zwischen Wohlbefinden und Missempfinden klar unterscheiden, kann diese Zustände im Gedächtnis abspeichern, kann aber im Nachhinein nicht mehr unterscheiden, ob es Angst, Schmerz, Ärger oder Übererregung war, was dieses Missempfinden in seinen ersten Monaten ausgelöst hat.

(Dieses Phänomen hat daher besonders Ärzte und Psychologen interessiert, die bei ihren erwachsenen Patienten mit „Borderline-Störungen" etwas ganz Ähnliches beobachtet haben, also eine Art von emotionalem Analphabetismus, der diese Menschen für sich und andere oft unberechenbar erscheinen lässt.)

Faszinierende Beobachtungen haben Säuglingsforscher gemacht, die Mutter-Kind-Interaktionen mittels Filmen und Tonbandaufnahmen im Zeitlupentempo sehr genau studiert haben. Danach pflegen Mutter und Kind von Anfang an eine Zwiesprache über einen Gefühlsaustausch, der noch gar nicht unterscheidet nach Angst, Wut, Hunger, Freude, Neugier usw. Es geht um ganz andere Dimensionen, die auch später in allen Gefühlsqualitäten vorkommen werden: Explosivität, Flüchtigkeit, Aufbrausen, Schneiden, Sanftheit, Regelmäßigkeit – so heißen diese „Vitalitätsaffekte". Sie machen sozusagen die Atmosphäre des Wohlfühlens aus. Wahrscheinlich spielen diese Vitalitätsaffekte eine ganz entscheidende Rolle, wenn man verstehen will, warum Kinder, die in den ersten Lebensmonaten (und meist noch in den Zeiten danach) einem Chaos von Anregungen ausgesetzt gewesen sind, später ständig nach Anregung suchen und den Zustand der Ruhe fürchten, weil sie in ihm nur Leere oder inneres Durcheinander erleben.

Säuglinge lernen am besten in einem aktiven und emotional ruhigen Zustand. Es lohnt sich übrigens für einen Erwachsenen, der sonst vielleicht nicht viel mit Säuglingen anfangen kann, sich durch einen Säugling in einen solchen Zustand beschützter Aufmerksamkeit sozusagen hineinzaubern zu lassen. Denn auch Erwachsene können in diesem Zustand am besten lernen und kreativ denken.

Wir können uns die ersten sechs Lebensmonate also als eine Zeit vorstellen, in der ein Säugling und seine Mutter Gefühlssignale austauschen, ohne dass sie dafür ihre Mimik, die später die Gefühle „verrät", benötigen. Gefühle sind von Anfang an (auch) soziale Signale. Lange Zeit hat man zum Beispiel gelehrt, die Dunkelangst sei angeboren. Diese Meinung ist auch heute noch gültig. Die Dunkelangst gehört wie die Angst vor näherkommenden undeutlichen Objekten und die Schlangenangst sicher zu der instinktiven Ausstattung, die die Evolution in uns Menschen verankert hat. Aber durchaus nicht alle Säuglinge haben Angst bzw. schreien, wenn sie zum Beispiel im Dunkeln wachwerden. Wohl aber die, die Dunkelheit mit starker Erregung erlebt haben oder die bei Dunkelheit die Ängstlichkeit ihrer Mutter wahrgenommen haben. Die Vitalitätsaffekte sind also derart stark, dass sie selbst angeborene Instinktprogramme modulieren, d. h. verstärken und abschwächen, können.

Mit etwa sieben Monaten kann ein Säugling sich krabbelnd von der Stelle fortbewegen. Und genau in diesem Moment entfaltet sich seine Fähigkeit, Gefühle auch über eine größere Distanz mitzuteilen, und zwar eindeutig erkennbar auch für eine andere Person als die Mutter. Von jetzt an unterscheidet er genau zwischen dem sicheren Hafen, den das Gesicht der Mutter anzeigt, und jedem anderen Gesicht, das Bedrohung bedeutet. Das ist das Stadium der **Fremdenangst**, das bis zum Ende des ersten Lebensjahres anhält. Fremdenangst tritt bei Kindern aller Kulturen zum gleichen Entwicklungszeitpunkt auf und unabhängig davon, ob die Mutter in der Nähe ist oder nicht. Sie ist also Ausdruck eines bestimmten Reifestadiums.

Etwa einen Monat später entwickelt ein Säugling **Trennungs-ängste**. Sie signalisieren Gefahr in Situationen zu großer Entfernung vom schützenden Hafen mütterlicher Nähe. Diese Trennungsängste erreichen ihren Höhepunkt zu Beginn des zweiten Lebensjahres und verschwinden erst jenseits des achtzehnten, manchmal auch erst jenseits des sechsunddreißigsten Lebensmonats. Trennungsängste führen oft zu hochdramatischen Szenen und verführen so manche Mutter dazu, ihrem Kind Trennungen überhaupt zu erspa-ren. Doch damit tut sie ihm keinen guten Dienst. Es wäre übrigens richtiger zu betonen, dass mit acht Monaten das „Trennungsler-nen" beginnt, das erst am Ende des dritten Lebensjahres gut be-herrscht werden kann. Trennungslernen bedeutet zweierlei. Zum einen heißt es: „Ich kann alleine sein ohne die Mutter." Und zwei-tens: „Meine Mutter ist nur außer Sichtweite, sie ist aber noch vor-handen, sie erwartet mich, und ich kann sie immer wieder aufsu-chen, wenn ich nur will!" Diesen zweiten Aspekt meint man, wenn man von „Objektkonstanz" spricht.

Die normale Trennungsangst ist der Prototyp für die häufigste kindliche Angststörung, die daher auch als „Trennungsangst-störung" bezeichnet wird. (Als Angststörung trifft sie übrigens gar nicht am häufigsten die Säuglinge und Kleinkinder, sondern ist typisch für die etwa achtjährigen Schulkinder und für sech-zehnjährige Adoleszente. Warum das so ist, wird später deutlich werden.) Die Fähigkeit, sich trennen zu können, ist die Basis für die Autonomieentwicklung jedes Menschen. Und da Trennungs-probleme nicht nur ein Thema von Kindern sind, sondern sich hinter vielen Alltagsängsten und Hemmungen von Erwachsenen das Grundschema der Trennungsangststörung verbirgt, lohnt es sich, einmal genau hinzugucken, wie Kinder Trennung meistern lernen. Das beginnt, wenn sie Laufen lernen. Sie fangen dann an, Verstecken zu spielen und jauchzen, wenn ein Erwachsener sich ein Tuch vors Gesicht hält, also verschwindet, damit kurz Angst auslöst, um Sekunden später dahinter wieder aufzutauchen. Weg-Da-Spiele nennen das die Entwicklungspsychologen, und sie haben herausgefunden, dass Kinder, die über die entschei-dende Zeit zwischen dem zwölften und sechsunddreißigsten Le-bensmonat solche und ähnliche, komplexere Spiele fleißig spie-len, später Trennungen besser bewältigen können.

Was passiert nun so Entscheidendes während dieser Spiele? Es geht um die zuverlässige Herstellung einer Phantasie. Im Kopf des Kindes entsteht anstelle des gesehenen Bildes, zum Beispiel vom Gesicht der Mutter, ein phantasiertes Bild. Und dieses phantasierte Bild gewinnt allmählich die psychische Bedeutung des gesehenen Bildes. Brauchte bis dahin das Kind den Anblick des wirklichen Bildes des mütterlichen Gesichts, so reicht schließlich der Gedanke aus: „Die Mama braucht gar nicht immer da zu sein. Hauptsache, ich trage das innere Bild von ihr in meinem Kopf!"

Auf dem langen Weg zum sicheren inneren Bild bauen sich viele Kinder eine Brücke. Sie erfinden ein „Übergangsobjekt". Das kann ein Tuch, ein Schmusebär, ja überhaupt irgendein Gegenstand sein, der an die Mutter erinnert. Auf ihren häufigen Fahrten aus dem schützenden Hafen mütterlicher Nähe auf die raue See nehmen sie dieses Übergangsobjekt immer mit. Und wehe, es geht verloren oder sein gewohnter Duft wird durch die „brutale" Waschaktion einer um (verständliche) Hygiene besorgten Mutter vernichtet, dann bricht eine Welt zusammen, Trennungsängste werden erneut wachgerufen und die Nerven liegen blank. Interessant ist übrigens zu beobachten, dass auch die reale Mutter irgendwann nicht mehr das verloren gegangene Übergangsobjekt ersetzen kann. Was um uns herum alles den Status eines Übergangsobjektes erlangen kann, wird auch uns Erwachsenen erst klar, wenn wir es verloren haben – ein Überbleibsel des magischen Denkens unserer frühen Kindheit.

An dieser Stelle ist es ratsam, sich über etwas Gedanken zu machen, was wir oft als Angstsignal missverstehen, das **Schreien**. Warum schreien Kinder eigentlich so viel, und warum vor allem Säuglinge?

In unserer westlichen Zivilisation hat sich in den letzten knapp zweihundert Jahren ein Lebensstil durchgesetzt, auf den sich die Bedürfnisse der Säuglinge und Kinder noch nicht so richtig eingestellt haben. Sie kommen immer noch auf die Welt wie vor Millionen von Jahren, unreif und vollständig auf Schutz und Fürsorge anderer angewiesen. Das Schreien ist Ausdruck dieser frühen Mangelsituation. Das Schreien klagt Zuwendung ein und fordert andere dazu auf, nach den Ursachen des Unwohlseins zu suchen. Es ist kaum möglich, Säuglingsgeschrei ohne Aufregung zu „überhören". Im typischen Fall wird die Mutter eines Säuglings vorwurfsvoll von allen Mithörenden angeschaut. Und in diesem Blick liegen dann Gedanken wie: „Das arme Kind, was hat es nur? Was für eine Mutter ist die denn? Das arme Kind hätte was Besseres verdient!" Und dazu passt die Verzweiflung der Mutter selbst, die hilflos-beschämt zum Mittelpunkt der Szene wird. Spielt sich das Ganze auch noch nachts ab und gibt es bereits Spannungen zur Nachbarschaft, dann kann solch lang anhaltendes Babygeschrei die Wohnungskündigung, den nächtlichen Besuch der Polizei oder die Bekanntschaft mit dem Jugendamt („Verdacht auf Kindesmisshandlung!") nach sich ziehen. Ist es da ein Wunder, dass es immer wieder vorkommt, dass Eltern darüber die Nerven durchgehen und sie ihr Kind schlagen, einsperren oder „schütteln"?

(Das „Schütteln" eines Säuglings ist leider in seiner Gefährlichkeit Eltern zu wenig bekannt. Daher ein paar Sätze dazu: Beim Schütteln zerrt das im knöchernen Schädel hin- und herschwappende Gehirn des Kindes an den Blutgefäßen, die den Zwischenraum durchziehen. Reißen diese Gefäße, dann kann es zu Blutungen und damit zu Druck aufs Gehirn kommen. Gehirngewebe wird zerstört mit der möglichen Folge von Intelligenzmangel und epileptischen Anfällen.)

Säuglingsgeschrei ist für jede überanstrengte Mutter und so manchen Vater, der dadurch um seinen notwendigen Schlaf vor dem frühen Aufstehen zur Arbeit gebracht wird, ein Stressor hohen Grades. Bei jedem fünften Säugling ist das Problem so groß, dass die Eltern damit über Monate am Rande der Verzweiflung leben. Nur wenige haben das Glück, von einer Spezialberatung für „Schreibabys" oder „Schlafstörungen im Kindsalter" zu profitieren, ganz einfach, weil es davon in unserem Lande (gemessen an der langfristigen Bedeutung des Problems) noch viel zu wenige gibt.

Dabei können Kinderforscher schon eine ganze Menge an Befunden vorweisen, die uns das Phänomen verständlicher machen und aus denen tatsächlich mit Erfolg Konsequenzen abgeleitet werden können.

Zum einen gibt es einen fast gesetzmäßigen Verlauf der Häufigkeit, mit der ein Säugling schreit. Gleich nach der Geburt nehmen die Schreistunden zu, erreichen nach sechs Wochen (bei Frühgeborenen sechs Wochen nach dem errechneten Endtermin) ihren Höhepunkt und klingen dann allmählich bis zum vierten Monat ab.

Zum andern ist das Schreien nicht gleichmäßig über den Tag verteilt. Vielmehr häuft es sich in den Abendstunden, d. h. zwischen 17 und 21 Uhr.

Es gibt eine große Variation in der Zeit, die ein Säugling am Stück schreien kann. Wenn er ab und zu drei Stunden am Stück durchhält, dann gehört er noch zur Norm. Wenn ein Säugling allerdings über den Zeitraum von drei Wochen an mehr als drei Tagen über drei Stunden und mehr schreit, so gehört er in die Gruppe der „Schreibabys" und braucht einen Kinderarzt, der organische Ursachen ausschließen und der Mutter weiterhelfen kann, diese schwierigen Monate zu überstehen. Bei sehr vielen Schreibabys liegen die Ursachen ihres Symptoms in der Schwangerschaft: Entwicklungsstörungen, Sauerstoffmangel, Infektionen, hohe Stressbelastung, von außen einwirkende Schadstoffe, Organfehlentwicklungen wie z. B. Herzfehler, Unreife des Verdauungssystems u. a. m. Bei den meisten Schreibabys sind die meist leichten organischen Auffälligkeiten (das gilt vor allem für die neurologischen) nur Ausdruck einer Entwicklungsverzögerung und verschwinden später wieder. Daher ist auch die kinderärztliche Untersuchung so wichtig, denn sie kann zu Tage fördern, ob man ärztlich eingreifen sollte oder beruhigt (so das bei einem Schreibaby denn geht …) zuwarten kann.

Hunger, Übermüdung, Überreizung und Schmerzen sind häufige Ursachen für kurze Schreiperioden. Viele Säuglinge schreien auch regelmäßig, kurz bevor sie ihren Darm oder ihre Blase entleeren. Auf fremde Personen reagieren Säuglinge mit Schreien meist erst ab dem achten Monat, auf eine fremde Umgebung allerdings schon ab dem sechsten Monat. (Von diesem Zeitpunkt an sollten Eltern mit ihrem Säugling sesshafter werden, d. h. ihn nicht mehr allabendlich in der Tragetasche mitschleppen!).

Viel relevanter ist aber das über Stunden gehende Schreien, für das Mütter auch bei bestem Willen keinen Grund finden können. Um dieses Phänomen zu verstehen, lohnt sich einen Blick in Kulturen, die mit ihren Säuglingen von Anfang an ganz anders umgehen und die das Schreibaby-Problem so gut wie nicht kennen. Die Ureinwohner von Papua-Neuguinea sind ein solches Volk, das noch über eine kinderorientierte Kultur verfügt. Eine junge Mutter kann dort in der Zeit nach der Geburt selbstverständlich mit aller nur denkbaren Unterstützung rechnen und auch damit, dass auf das Schreien ihres Kindes hin sofort jemand einspringt, wenn sie selber mal nicht gleich reagieren kann. Natürlich schläft dort kein Säugling (übrigens auch kein Kind) ohne engsten Hautkontakt zur Mutter. Forscher haben berechnet, dass Mütter in diesen Kulturen im Schnitt neunzehn von vierundzwanzig Stunden mit ihrem Säugling Hautkontakt unterhalten und viele Stunden mit ihm in der „Ammensprache" reden. Schreiprobleme, Schlafstörungen und mütterliche Wochenbettdepressionen sind in dieser Kultur unbekannt.

Die Forscher interpretieren diese Beobachtungen so: Unsere westliche Zivilisation berücksichtigt offenbar zu wenig, dass Säuglinge noch in einem sehr unreifen Stadium auf die Welt kommen und monatelang auf eine Umgebung angewiesen sind, die von derjenigen im Mutterleib nicht zu verschieden ist: warm, nicht zu leise, mit ständiger Erregung der Haut und des Gleichgewichtsorgans, vor allem aber mit ganz rascher Reaktion auf körperliche Bedürfnisse. Und siehe da, diese Interpretation bewahrheitet sich tatsächlich in der Therapie von Schreibabys.

Bei kurzem Schreien von weniger als einer halben Stunde reicht es aus – nach Ausschluss der oben erwähnten Schreiursachen –, mit einem Säugling leise und beruhigend zu sprechen, ihn dabei anzuschauen, ihm sein Fingerchen zum Saugen zu geben, ihm die Hand auf den Bauch zu legen oder Ärmchen und Beinchen festzuhalten. Das gilt vor allem für kurzes Schreien in der Nacht, wenn man das Kind nicht durch Hochnehmen noch wacher machen möchte.

Bei längeren Schreiproblemen profitiert ein Säugling davon, dass er hochgenommen und auf dem Arm gewogen wird.

Wenn das Schreiproblem sehr groß ist, vor allem wenn es immer wieder auftaucht, dann sollte man sich die Mütter in Papua-Neuguinea zum Vorbild nehmen und seinen Säugling viele Stunden am Tag mit sich herumtragen, wofür sich Brust- und

Rückentücher gut eignen, wenn die Arme ermüden oder anderes zu tun haben. Wichtig dabei ist, dass nicht erst das Schreien selber Anlass zum Herumtragen sein sollte. Auch Hängematten und Wiegen, die sich regelmäßig anstoßen lassen (die aber nicht umkippen dürfen), haben sich als gute Methoden bewährt.

Ganz allgemein gilt, dass jeder schreiende Säugling davon profitiert und die Mutter mit einem Nachlassen des Schreiens belohnt, wenn sie ganz rasch auf seine Bedürfnisse eingeht. Ein „Verwöhnen" gibt es im ersten Halbjahr nicht!

Ferner gilt, dass jede Mutter, die ein schreiendes Baby hat, Anspruch auf uneingeschränkte Unterstützung durch ihre Mitmenschen hat und sich belehrenden Ratschlägen ihrer Familie oder anderer Mütter nicht aussetzen sollte.

Das Thema „Schreien im Säuglingsalter" hat also sehr viel mit dem Angstthema zu tun, aber in ganz anderer Weise, als wir gewohnt sind, es zu verstehen. Der schreiende Säugling der ersten sechs Lebensmonate will Bindung zur Mutter herstellen, und die Mutter versteht das auch intuitiv. Der Anlass ist nur selten Angst. Der Zusammenhang zur Angst ist aber dennoch bedeutungsvoll. Denn wie wir bereits im Kapitel 5 gesehen haben, werden Stress-Situationen im emotionalen Gedächtnis des Mandelkerns gespeichert und erhöhen damit die Angstbereitschaft in der nachfolgenden Entwicklung. Je ruhiger die ersten Lebensmonate verlaufen, d. h. je schneller und effektiver eine Mutter auf Signale des Unwohlseins bei ihrem Kind reagiert, um so dicker wird sein Fell sein, mit dem es ins zweite Lebensjahr eintritt.

Im zweiten und dritten Lebensjahr

Wenn zu Beginn des zweiten Lebensjahres ein Kind die ersten Sprech- und Lauferfolge aufzuweisen hat, dann beginnt eine Phase, in der Eltern täglich staunend feststellen, was „es schon alles kann". Überhaupt erinnern sie ihr Kind aus dieser Zeit überwiegend als „Wonneproppen". Das mag nicht zuletzt damit zusammenhängen, dass Kinder uns nun mitteilen können, in welch großartiger Welt sie sich wähnen. Alles geht von ihnen aus, sie sind allmächtig. Wünsche gehen gleich in Erfüllung. Es ist die

Welt des „magischen Denkens". Ach, lebten wir doch auch noch in einer solchen Welt! Doch leider haben wir selber diese Welt mit sieben oder acht Jahren aufgeben müssen, und unserem Kind wird's leider genauso gehen – aber das ist noch lange hin!

Die Faszination, die Kleinkinder in uns hervorrufen (in diesem Alter entsprechen sie übrigens am ehesten dem „Kindchenschema", auf das wir lebenslang mit Zuneigung zu reagieren programmiert sind!), hat also viel mit der märchenhaften Verführungskraft zu tun, die von ihnen ausgeht. Es ist gut, daran zu denken, dass wir auf sechs bis sieben Jahre unsere Wohnung mit einem kleinen Entsandten eines Märchenlandes teilen, wenn wir verstehen wollen, warum alle unsere erzieherischen Hinweise auf die Realität auf so wenig freudige Aufnahme stoßen.

Alles, was nicht den eigenen Wünschen entspricht, ist für ein Kleinkind zuerst einmal nicht vorhanden oder aber in hohem Maße lästig. Es reagiert mit Wut, später mit Trotz, und riskiert dabei die selbstverständliche Überzeugung, immer geliebt zu werden und immer die Mutter bzw. den Vater lieb zu haben. Das Hineinbrechen der Realität in die magische Welt eines Zwei- oder Dreijährigen ist mit der Bedrohung durch Liebesverlust verbunden. Die Wut auf die Eltern kann damit leicht zum Bumerang werden.

Da aber die Angst vor Liebesverlust für ein Kind existenziell ist, wird es alles tun, sie nicht lange aushalten zu müssen. Wenn Eltern

Ihr Kind mit der Heftigkeit dieses Konflikts alleine lassen, d. h. wenn sie nicht humorvoll mit der Realitätsverneinung ihres Kindes umgehen und es nicht in angemessener Zeit nach einem Wutanfall wieder versöhnlich in die Arme schließen, dann wird das Kind Strategien zur Angstabwehr aufbauen, unter denen es langfristig leiden wird.

Eine Strategie ist die Unterwerfung unter die Forderungen der Eltern bis hin zum vorauseilenden Gehorsam. (Leider gelten Kinder mit dieser Strategie vor allem in autoritären Erziehungsmilieus immer noch als „gut erzogen".)

Eine andere ist die Aufteilung der Welt in einen Bereich, den man nur heimlich aufsuchen darf, verborgen in einem Schatzkästchen, und in eine andere, in der man funktioniert, um nicht anzuecken. (Psychoanalytiker haben herausgefunden, dass sich auf dieser Strategie eine Entwicklung zum „false self", zur falschen oder Als-Ob-Persönlichkeit, aufbauen kann.)

Und die dritte Strategie ist eine sehr anstrengende, bei der ein Kind schon früh seine Blessuren davonträgt. Das ist die Trotzentwicklung oder die Entwicklung zum chronischen „oppositionellen Verhalten". (Dies Verhalten wird gerade bei Jungen zu unrecht oft als „mutig" apostrophiert, denn es entspricht so sehr den Erwartungen der Umwelt an einen „richtigen" Jungen.)

Man kann bei jedem Kind Ansätze für die eine oder andere Strategie entdecken. Aber genauso kann man beobachten, dass ein Kind bereit ist, diese Strategien wieder aufzugeben, wenn es genug Zeit bekommt, sich auf seine Weise mit den Forderungen der harten Realität zu versöhnen, vor allem aber wenn es den inneren Kampf um Realitätsanerkennung nicht zugleich mit dem Kampf um die Liebe der Eltern führen muss.

Das, was später einmal als ein Gewissensproblem (lügen oder die Wahrheit sagen) fortgeschleppt wird, ist in seinen Anfängen also nichts anderes als die Schwierigkeit, im Stadium magischen Denkens mit der Realität klarzukommen. Wenn Eltern es erreichen wollen, dass ihr Kind mutig mit der Wahrheit umgehen kann, dann sollten sie in dieser Zeit auf keinen Fall das Abweichen von der Wahrheit als Lüge bestrafen. Zu frühe und zu strenge „Gewissenserziehung" führt zur doppelten Buchführung, aber macht keine mutigen Menschen. Ohnehin hängt die Gewissensbildung gar nicht entscheidend von der frühen Entwicklung ab, weil Kinder in diesem Alter noch gar nicht die geistigen Voraussetzungen mitbringen, abstrakte Prinzipien zu verstehen. Für die Gewissensbildung ist überwiegend die Adoleszenz mit ihrer Orientierung an Vorbildern und Rollen verantwortlich. Wohl aber kennen die Kinder des vierten und fünften Lebensjahres eine innere Instanz, die ihnen sagt: „Das darfst Du – und das darfst Du nicht!" Diese innere Instanz ist die Stimme ihrer Eltern. Und im günstigen Falle steht sie in keinem Widerspruch zu den Vorbildern im Jugendalter.

Mit dem magischen Denken hängen auch die Inhalte der typischen Kleinkinderängste zusammen, die **Angst vor Tieren und Maschinen** und die **Angst vor Phantasiegebilden ("Monster-**

angst"). Jedes zweite Kind in diesem Alter kennt die Hundeangst, und fast ebenso viele haben Angst vor Schlangen und dunklen Räumen. Wenngleich auch vieles an diesen Ängsten zu unserer instinktiven Ausstattung gehört, also gar nicht erst durch Erfahrung gelernt werden muss, so ist die Chance eines Kindes, solche Ängste überwinden zu können, ganz erheblich von seiner Erfahrung abhängig. Da Kleinkinder bereits Ängste in ihrer Umgebung imitieren können, spielt die Ängstlichkeit der Eltern hier eine große Rolle. Aber noch ein Moment ist sehr wirkungsvoll, nämlich die Möglichkeit eines Kindes, mit diesen fürchterlichen Gestalten Bekanntschaft zu machen. Kindern mit Tierängsten hilft der alltägliche Umgang mit Tieren. Aber wie ist es mit der Gespensterangst? Wenn wir uns klar machen, dass Gespenster die Kinder vor allem nachts, in der Dunkelheit und beim Alleinsein überfallen, dann liegt die Antwort schon in der Luft. Gespenster sind Ausgeburten der Phantasie, und für die magische Welt des Kindes sind sie damit genauso real wie die Hexen beim Faschingsumzug. Will man sie loswerden, dann muss man sie also in der Realität bekämpfen. Und dabei gibt es nun drei bewährte Waffen: Die eine ist das Spiel, die andere das gemalte Bild und die dritte die Sprache.

Ich erinnere mich gut an die erfolgreiche Gespensterjagd des kleinen, dreijährigen Max, der mir von seinen Eltern wegen Durchschlafstörungen vorgestellt worden war. Erst erzählte er mir – mit sichtlicher Begeisterung (Angstlust) – wie riesengroß das Gespenst sei und dass es sich jede Nacht im Vorhang seines Kinderzimmers verstecke. Er malte es mit einem roten Gewand und riesigen schwarzen Augen. Dann überlegten wir uns, wie er in den folgenden Nächten – mit Unterstützung des Vaters, den wir also einweihen mussten – dem Gespenst den Garaus machen könnte. Seine Idee war, sich selbst hinter dem Vorhang zu verstecken, einen roten Bademantel überzuziehen und mit großen Augen so lange Richtung Gespenst zu schauen, bis es vor lauter Angst verschwunden wäre. Der Trick klappte, und Max erzählte anschließend seinen Eltern, dass er ein gefährlicher „Angstgucker" sei: „Du musst nur die Augen ganz weit aufmachen, dann ist die Angst weg!" Man kann sich leicht vorstellen, dass ihm die Entdeckung, mit Angstguckerei selbst etwas in der

Hand zu haben, was ihm auch gegen andere Bedrohungen helfen konnte, recht stolz gemacht hat.

Was wir bei Max gesehen haben, gilt ganz allgemein für eine erfolgreiche Angstbewältigung: Anschließend sind nicht nur Bedrohung und Ängste weg, nein, etwas viel Wichtigeres ist passiert: das Selbstvertrauen in die eigenen Kräfte ist gewachsen. Wir neigen heute dazu, Angst als etwas anzusehen, wovor man Kinder in jedem Falle schützen müsse. Aber diese Vorstellung ist unrealistisch und auch psychologisch falsch. Wie völlig verkehrt sie ist, das zeigt uns die immer größer werdende Anzahl von Kindern in unserem Lande, die von ihren Eltern beschützt werden, wo es nur möglich ist. Diese Kinder haben kaum eine Möglichkeit, Gefahren zu bestehen und sind damit hilflos einem Feind ausgeliefert, der von innen kommt und den man so schwer spielen oder malen, geschweige denn in Worte fassen kann – die Angst selber. Überbehütete Kinder haben **Angst vor der Angst**. Und die loszuwerden ist selbst mithilfe von Experten nicht leicht.

Eine Form der Angst, die für Eltern sehr schwer erkennbar ist und der Kinder heute in viel zu hohem Maße ausgesetzt werden, ist die **Veränderungsangst**. Kleinkinder wollen nicht, dass das Spielzimmer abends wieder aufgeräumt und damit alles zerstört wird, was sie am Tage aufgebaut haben. Auch immer wieder neue Ferienorte sind nichts für sie. Viele protestieren auch gegen immer wieder neue Kleidung. Was steckt dahinter? Der Grund ist, dass Kinder bei einem Wechsel von Spielzeug, Kleidung oder Orten auf unendlich mehr Neues treffen als Erwachsene. Sie müssen eine viel höhere Anpassungsleistung vollbringen. Auch Erwachsene können angstkrank werden, wenn man ihnen z. B. an einem neuen Arbeitsplatz keine Eingewöhnungszeit lässt, und bei ihren Reisen in ferne Länder überfordern sie ihre inneren Fähigkeiten, Veränderungsangst zu bewältigen, ganz gewaltig. Die Lösung, nach der Ankunft in Peking erst einmal McDonald aufzusuchen, ist also nicht die schlechteste …

Vor allem bei kleinen Jungen kann man eine Beobachtung machen, die einen schmunzeln lassen mag, wenn man sich dadurch plötzlich an so manches widersprüchliche Verhalten erwachsener Männer erinnert fühlt. Ich denke an das gleichzeitige Auftreten von **Omnipotenzphantasien und Verletzungsängsten**, die so typisch für diese Altersstufe sind. Dabei handelt es sich gar nicht in erster Linie um Kastrationsängste, wie Sigmund Freud sie als typisch für den **Ödipuskomplex** beschrieben hat, vielmehr sind sie immer genau da angesiedelt, wo die Größenphantasien am meisten ins Kraut schießen.

Freud hatte bei seinen überwiegend dem gehobenen Wiener Bürgertum angehörenden Patienten immer wieder die Beobachtung gemacht, dass eine starke Rivalität mit dem gleichgeschlechtlichen und eine zu verwöhnende, ja, verführerische Beziehung zum gegengeschlechtlichen Elternteil im Kind auch jenseits des sechsten Lebensjahres noch heftige Phantasien („Ödipuskomplex") unterhielten. Diese – so Freud – erschienen dem Heranwachsenden aber als zu anstößig, sodass er sie verdrängen müsse. In Form eigenartiger psychischer und körperlicher Symptome tauchten sie dann später im Rahmen einer „Neurose" wieder auf. Freuds starke Betonung der sich um Sexualität rankenden Phantasien und Konflikte muss uns heute zu einseitig erscheinen.

Wohl aber finden wir diese Themen von Konfliktängsten bei Kindern und Erwachsenen wieder, die es nicht leicht haben, eine eindeutige Geschlechtsidentität zu entwickeln. Denn genau die Entwicklungsperiode, in die Freud die Entstehung des Ödipuskomplexes gelegt hat, ist auch die Zeit, in der Mädchen sehr darauf achten, keine wilden Jungenspiele zu machen, und Jungen zusehen, nur ja nicht mädchenhaft zu erscheinen. Dabei betrachten sie sich selber im Spiegel (wenn sie etwas über zwei Jahre alt sind, können sich Kinder im Spiegel identifizieren), untersuchen bei sich und anderen die äußeren Geschlechtsmerkmale und entwickeln dabei (möglicherweise) die Angst, an ihnen könne etwas kaputt gehen. Oder bei Mädchen gar: da sie keinen Penis hätten, seien sie irgendwie defekt. Zwar gibt es immer wieder Kinder, die sich mit solchen **„Kastrationsängsten"** herumschlagen (z. B. Jungen im Zusammenhang mit einer Phimoseoperation), aber in den allermeisten Fällen geht ein Mangel an Selbstvertrauen und an Sicherheit in der Geschlechtsidentität auf ganz andere Ursachen zurück. Hierfür sind vielmehr die frühen Bindungserfahrungen eines Kindes und die Modelle für „weiblich" und „männlich" verantwortlich, die es in nächster Umgebung vorfindet.

Aus den Errungenschaften des dritten Lebensjahres speist sich auch eine Angst, die manche Menschen ihr Leben lang arg peinigt, die **Scham-Angst**. In der Schöpfungsgeschichte des Alten Testamentes ist die uralte Weisheit über die Entstehung der Scham wiedergegeben. Dort heißt es, nachdem Adam und Eva vom Baum der Erkenntnis gegessen haben: „Da wurden ihrer beider Augen aufgetan, und sie wurden gewahr, dass sie nackt waren, und flochten Feigenblätter zusammen und machten sich Schürze." (1. Mose 3,7). Erkennen („wissen, was gut und böse ist"), Selbsterkennen, Geschlechtsidentität und Schamangst hängen also eng miteinander zusammen. Es ist gut, an diese Zusammenhänge zu denken, wenn man mit Kleinkindern zu tun hat, und ihnen Zeit zu geben, Schamgefühle zu bewältigen, genauso wie sie Zeit brauchen, Trennungsängste zu bewältigen. Für beide Angstformen ist diese Phase eine hochsensible Zeit.

Alle Eltern kleiner Kinder werden, ob sie wollen oder nicht, spätestens bei ihren Zwei- und Dreijährigen in die Rolle von Angst-Psychotherapeuten gedrängt, wenn der Tag zu Ende geht. **„Schlafängste"**, speziell Einschlafängste, sind so häufig in diesem Alter wie das Schreien im Säuglingsalter. Und wie beim Babyschreien können sich völlig verschiedene Probleme dahinter verbergen. Leider ist der Satz, dass „jedes Kind schlafen lernen kann", genauso unzutreffend wie die Aussage, dass jeder Säugling aufhören kann zu schreien. Denn erstens muss das Schlafen gar nicht gelernt werden und zweitens können die allermeisten Kinder schlafen, wenn sie dafür nur richtige Bedingungen bekommen. Lernprozesse spielen nur insoweit eine Rolle, als kindliche Schlafstörungen durch operante Konditionierung, durch Belohnungs- und Vermeidungslernen also, aufrechterhalten werden. (Ausführlich können Sie sich über kindliche Schlafstörungen und ihre Behebung informieren in meinem Buch *„So finden Kinder ihren Schlaf"*, erschienen im Jahre 2001 im Herder Verlag Freiburg). Bei einigen Schlafstörungen dieses Alters spielen aber tatsächlich Ängste eine Rolle, Ängste der Kinder, aber auch Ängste der Eltern. Bei vielen indes sind es „nur" unangemessene Vorstellungen von dem, wie viel Schlaf Kinder brauchen, wie ihr Rhythmus sich ausbildet und was sie unbedingt zum Schlafen brauchen („Schlafhygiene"), die den Schlaf der Kinder zum Problem der Eltern machen.

Doch zu den Schlafängsten selber. Das sind hauptsächlich drei, die sich in ihren Ursachen deutlich unterscheiden. Am häufigsten sind die „Einschlafängste", die über Jahre die Familienabende prägen. Dazu gehören auch die „Durchschlafängste", denn sie erweisen sich bei genauem Hinsehen als „Wiedereinschlafängste". Warum? Weil alle Kinder, die scheinbar mehr als ein paar Stunden am Stück durchschlafen, in Wirklichkeit zwischendurch kurz wach werden und eben wieder einschlafen!

Etwas ältere Kinder können eine Schlafstörung zeigen, die zwar nicht ihnen, wohl aber den Eltern fürchterliche Angst macht. Man nennt sie den „Nachtschreck" oder **„pavor nocturnus"**. Die Kinder selber merken gar nichts von diesem plötzlichen Erregungssturm aus dem Tiefschlaf (überwiegend im ersten Teil der Nacht, oft kurz nach dem Einschlafen), auch wenn sie dabei schreien, um sich schlagen und aus ihren weit aufgerissenen Augen die nackte Angst zu sprechen scheint. Zum Glück erreicht diese Attacke nicht ihr Bewusstsein, und so haben sie auch keine Erinnerung daran. Pavor-nocturnus-Anfälle sind ein Zeichen einer Entwicklungsverzögerung der Tiefschlafregulation und verlieren sich von ganz alleine wieder. Sie verstärken sich bei Stress, besonders aber, wenn Kinder wegen erheblicher Müdigkeit zu schnell vom Wachen in ihren Tiefschlaf fallen.

Ganz anders steht es um die **„Alpträume"**, die auch schon im Kleinkindesalter auftreten können. Sie sind wirklich schlimme Angsterlebnisse für das Kind, und ihre Inhalte werden von Kindern noch bis zur Einschulung für Realität gehalten („magisches Denken"). Bei Alpträumen, die meist in der zweiten Nachthälfte auftauchen („Mama, ich hab' so schlimme Träume. Kann ich in dein Bett kommen?"), braucht ein Kind sofort Hilfe. Zu allererst muss es sich wieder sicher fühlen können und im Arm die Mutter oder des Vaters sich geborgen wissen. Dann braucht es etwas Zeit von Mutter oder Vater, nicht am nächsten Tag, sondern sofort in der Nacht. Es sollte nämlich genau erzählen können, was es gerade gesehen hat, und die Geschichte auch ruhig mehrfach wiederholen. Das ist die beste Psychotherapiemethode gegen Alpträume. Bei einigen Kindern hilft auch das Nachspielen oder das Aufmalen eines

Alptraums. So machen es die Kinderpsychotherapeuten vor allem dann, wenn sich dieselbe Szene in einem Alptraum immer wieder abspielt und ihre Botschaft dechiffriert werden muss.

Es gibt zwei weit verbreitete und dennoch untaugliche Methoden, Kinder von Alpträumen zu befreien. Für die eine steht der Satz: „Ach, das hast du doch nur geträumt!" Für das Kind ist der Traum eben Realität, und es fühlt sich mit diesem Satz in einer bedrohlichen Situation im Stich gelassen. Und die andere Methode ist genauso wenig zu empfehlen: „Komm ins Bett und schlaf weiter!" Mit dieser Geste kann ein Kind schnell lernen, dass es nur etwas von Alpträumen andeuten muss, und schon darf es ins elterliche Bett kommen.

Ins Bett der Eltern! Soll es das etwa nicht dürfen? Nun, damit sind wir bei dem wichtigen Thema, das sich bei einigen (durchaus nicht bei allen!) Kindern mit dem Problem der **„Einschlafängste"** verbindet, dem Thema „Trennung". Kinder, die tagsüber Schwierigkeiten mit dem Alleinsein und der Trennung von der Mutter haben, können sich natürlich auch beim Einschlafen schlecht trennen. Sie zögern den Moment, bis die Mutter oder der Vater die Bettkante verlassen dürfen, immer weiter hinaus und torpedieren damit Abend für Abend alle Bemühungen der Eltern um ein paar Stunden freie Zeit für sich selber.

Es gibt drei Gesichtspunkte, die sich beim Umgang mit diesem Problem als nützlich erwiesen haben: Erstens brauchen alle Kinder eine hinreichend lange Übergangszeit nach dem aufregenden Tag: mindestens eine Stunde. Die Botschaft all dessen, was in dieser Zeit passiert, sollte sein: „Gleich ist Schlafenszeit."

Zweitens sind kleine Kinder, um sich sicher und geborgen zu fühlen, auf Rituale angewiesen. Ob das die Gutenachtgeschichte, das Schlaflied, ein Gebet oder die Spieluhr ist – Hauptsache ist, es läuft immer gleich und damit für das Kind vorhersehbar ab. Jedes (gesunde) Kind, das bei ausreichender Müdigkeit („Schlaffenster") zu Bett gebracht wird, kann innerhalb von höchstens zehn Minuten einschlafen. Dann sollten die Mutter oder der Vater konsequent das Zimmer verlassen.

Drittens können sich Eltern viel Dramatik am Abend ersparen, wenn sie berücksichtigen, dass ein Kind mit allabendlichen Trennungsproblemen Hilfen am Tage braucht, um Abschied nehmen zu lernen. Der Zeitpunkt vor dem Einschlafen ist zum Lernen von Trennung nicht geeignet. Ein Kind, das intensive Spielzeit mit seiner Mutter und den Vater nicht nur in einer aufregenden Stunde kurz vor dem Einschlafen erlebt, viel Hautkontakt genießt, die Mutter tagsüber auch schon mal mit anderen teilen muss und das nicht alleine von der Mutter umsorgt wird – ein solches Kind wird weniger Trennungsschwierigkeiten haben. Alle Empfehlungen von Experten (so auch unsere „Freiburger Sanduhrmethode") sollten erst dann umgesetzt werden, wenn die eben dargestellten Voraussetzungen erfüllt sind. „Einschlafprogramme" sind nur sinnvoll, wenn Einschlafstörungen wirklich Ausdruck von Vermeidungslernen sind. Sie sollten nicht dazu eingesetzt werden, Kindern die Fähigkeit zur Trennung abzuverlangen, die dazu noch gar nicht in der Lage sind.

Eine weit verbreitete Gewohnheit vieler Eltern ist es, ihren Kindern das Ein- oder Durchschlafen zu erleichtern (und sich selber nachts mehr Ruhe zu bescheren), indem sie sie **ins elterliche Bett kommen** lassen. Auch hier gibt es einige Erfahrungen, die man weitersagen sollte. Wie bei so vielem im Zusammenleben zwischen Kindern und Eltern existiert auch hier kein Richtig oder Falsch. Die Bedürfnisse der Eltern, ihr Kind nachts bei sich zu haben, können und werden sich in seinen ersten Lebensjahren häufig ändern. Auch tut manchen Kindern das Alleinesein im eigenen Bettchen noch lange nach der Säuglingszeit gar nicht gut.

Warum also eine starre Regel, wenn alle irgendwie damit zurechtkommen? Nun, es gibt ein paar Bedingungen, die zu berücksichtigen offenbar dem Schlaf von Kindern und Eltern gut tun. Zum einen sollten der Ein-, der Durchschlaf- und der Aufwachort identisch sein. Denn Kinder registrieren beim kurzen nächtlichen Wachwerden eine veränderte Umgebung und werden dadurch geweckt. Zum andern sollte man jedes Kind, das bereits gezeigt hat, dass es alleine schlafen kann, auch immer wieder nachts in sein Bettchen zurückschicken. Und drittens sollten Eltern immer wieder bereit sein, diese Empfehlungen über Bord zu werfen, wenn ihr Kind krank ist oder mit seinen Ängsten nicht gut klarkommt. Nach einigen Nächten, die das Kind wieder im Bett der Eltern geschlafen hat (aber eben nicht nachts dazugekommen, sondern am Abend bereits dort eingezogen ist), können alle wieder zum zuvor

Erreichten zurückkehren. Eines aber sollte nie passieren, dass ein Kind mit dem Alleineschlafen bestraft wird. Alleinesein ist – auch für Erwachsene – eine manchmal notwendige Leistung, und die verdient Anerkennung. Es kommt der Zeitpunkt, spätestens am Ende des dritten Lebensjahres, da ziehen die allermeisten Kinder die Nacht in ihrer gemütlichen Schlafhöhle mit Kuscheltieren dem langweiligen Bett der Eltern vor.

Ängste sind, wie wir gesehen haben, im Kleinkindesalter durchaus nicht etwas „Pathologisches", etwas, was man mithilfe von Therapien abstellen sollte. Ängste sind notwendige Begleiter neu erworbener Freiheiten und Fähigkeiten. Und das gilt nicht nur für dieses Entwicklungsalter.

Im Kindergartenalter

Auch wenn der Eintritt in den Kindergarten noch nicht die Einschulung bedeutet, so werden doch viele Mütter – auch wenn sie noch so sehr auf den Kindergartenplatz gewartet haben – zu diesem Zeitpunkt eigentümlich traurig, ja manche sogar depressiv. Der Grund ist nicht so schnell zu verstehen, weil es in diesem Buch bislang nur um die eine Seite der Trennungsproblematik ging, um die des Kindes. Jetzt aber kommt die Mutter plötzlich in die Situation, verlassen zu werden. Jemanden zu verlassen ist immer leichter, als verlassen zu werden. Natürlich weiß eine Mutter das auch. Und ihre Traurigkeit ist insofern gut verständlich. Etwas anders liegt die Sache, wenn eine Mutter zu diesem Zeitpunkt wirklich depressive Symptome entwickelt. Bezeichnenderweise spielen dabei oft **Ängste um das Kind** eine große Rolle. Wie kann man diese Zusammenhänge verstehen?

Was ich selbst Ihnen dazu zu berichten weiß, entspringt nur zu einem kleinen Teil meiner eigenen Erfahrung. Entscheidendes habe ich aus psychotherapeutischen Gesprächen mit Müttern erfahren, die eigentlich wegen einer Problematik ihres Kindes gekommen waren, entweder wegen seiner Schlafstörungen oder wegen einer „Schulphobie" ihres Kindes.

(Da später von dieser recht häufigen Kinderangststörung die Rede sein wird, will ich hier nur kurz erwähnen, dass die Bezeichnung irreführend ist und mit Angst vor der Schule meist gar nichts zu tun hat, dass es sich vielmehr um eine Trennungsstörung handelt.)

Es ist sehr fraglich, ob diese Mütter etwas von ihren inneren Problemen erzählt hätten, wenn man sie direkt danach gefragt hätte. Sie hätten es auch wahrscheinlich gar nicht gekonnt, weil ihre depressiven Gedanken und Gefühle weit davon entfernt waren, in klare Sätze gefasst werden zu können.

An dieser Stelle hilft nur die besondere Gesprächsatmosphäre des psychoanalytischen Dialogs weiter. Hier einigt sich die Klientin mit ihrem Psychotherapeuten auf die Einhaltung einiger Grundregeln, nämlich ohne Zensur alles zu sagen, was ihr spontan durch den Kopf geht, was sie von ihren Träumen erinnert und welche Gefühle sie in Bezug auf den Psychotherapeuten (stellvertretend für eine ihr wichtige Bezugsperson der Vergangenheit) empfindet. Der Psychotherapeut seinerseits verpflichtet sich zu einer Haltung der Abstinenz und der freischwebenden Aufmerksamkeit und teilt der Patientin/Klientin mit, welche bewusst nur schwer zugängigen Phantasien er bei der Klientin vermutet, und bittet sie, seine Vermutung wie eine Hypothese zu testen, vor allem ihm aber mitzuteilen, was sich in ihr abspielt, nachdem sie diese „Deutung" hat auf sich wirken lassen.

Mit diesem Verfahren, für das es oft nur wenige Sitzungen brauchte, bis Entscheidendes zugänglich gemacht worden war, entstand ein Bild von der Depression der Mütter, das von Person zu Person natürlich unterschiedlich aussah, das aber doch so etwas wie ein Grundmuster aufwies:

„Ich fühle mich so nutzlos und so elend, obwohl ich doch gar keinen Grund dafür habe. So lange habe ich auf den Kindergartenplatz für mein Kind gewartet, was hab' ich nicht alles getan, um den Platz so früh wie möglich zu bekommen. Denn eher hätte ich ja nicht wieder arbeiten können. Aber jetzt, wo ich – zumindest halbtags – wieder arbeiten gehen könnte, jetzt kommt mir alles so sinnlos vor. –

Ich frage mich, ob es sich eigentlich gelohnt hat, all diese letzten Jahre, in denen ich nie sicher sein konnte, ob ich die Nacht wirklich, ohne gestört zu werden, würde durchschlafen können.

Wenn ich denke, auf wie viel mein Mann und ich verzichtet haben, nur weil sich alles immer um unser Kind gedreht hat. Und jetzt geht es einfach weg, und wahrscheinlich wird die Kindergärtnerin alles viel besser machen als ich. Schon jetzt verabredet sich unser Kind morgens mit anderen für den Nachmittag. Es ist ja bald gar nicht mehr zu Hause. –

Noch nicht einmal eine richtig gute Mutter bin ich gewesen. Von Anfang an hatten wir mehr Probleme als andere Familien. Und dabei hatte ich mich so auf das Kind gefreut, um endlich mal etwas richtig gut machen zu können. Schule und Berufsausbildung, das lief halt so mittelmäßig. Aber das mit dem Muttersein, das hatte ich mir so wunderbar vorgestellt. Und jetzt, habe ich das Gefühl, werde ich als Mutter gar nicht mehr gebraucht.

Diesen inneren Dialog führt eine Mutter, die nur für einen Fachmann gleich als „depressiv" erkennbar ist, die aber nach außen hin ungeheuer geschäftig ist und immer wieder ihren Freundinnen, ihrem Mann und anderen Müttern erzählt, welche Sorgen sie sich um ihr Kind macht und ob ihm auch ja nichts zustoßen werde, ob auch die Kindergärtnerin lieb genug zu ihm sein werde und ob es wohl auch Anschluss finde. Was spielt sich in dieser Mutter ab, der es tatsächlich sehr schlecht geht und die ohne fachliche Hilfe wohl über Jahre ihren depressiven Zustand weiter aushalten müsste?

Eine solche Mutter erlebt die Hilflosigkeit eines Menschen, der zur Trennung gezwungen wird, ohne dass er die dafür notwendigen Ressourcen hat. Ihre Gedanken drehen sich um ihre eigene Person, und da das ihre gesellschaftliche Rolle als Mutter nur schwer zulässt, betont sie – in Umkehrung der Wut, die sie auf ihr Kind, das sie einfach verlässt, hat – ihre Sorgen um das Kind. Wir brauchen nur die Rollen von Mutter und Kind in Gedanken zu vertauschen, und schon können wir die Dynamik der Trennungssituation verstehen. Die Mutter sieht sich in der Rolle eines Kindes, das von seiner Mutter verlassen wird. Plötzlich soll sie (als Kind) alleine alles können. Dabei hat sie (als Kind) vor allem Neuen Angst. Auch ist sie (als Kind) wütend auf die Mutter („Generationsumkehr"!), die sie in diese Situation gebracht hat und der sie offensichtlich nie viel bedeutet hat, denn sonst würde diese herzlose Mutter ihr Kind ja nicht gehen lassen.

Depression ist (fast) immer der Ausdruck des Erlebens eines Verlustes, den man nicht glaubt verkraften zu können, weil man etwas von der eigenen Person verloren zu haben meint. Die eigentlich problematische Konstellation bestand für diese Mutter also längst, bevor ihr Kind überhaupt auf der Welt war. Sie fühlte sich unvollständig, minderwertig – das Produkt einer Erziehung, in der sie sich die Liebe der Eltern erst einmal verdienen musste. Doch statt die Fragwürdigkeit dieser Erziehungsmethode ihrer Eltern zu erkennen, hatte sie (schon als kleines Mädchen) eine fixe Idee entwickelt: Eines Tages werde ich Mutter sein, und damit (zusammen mit meinem Kind!) bin ich vollständig. Und dann muss man (müssen vor allem die Eltern) mich lieben! Eigentlich gut nachvollziehbar, dass sie nicht in ihre Arbeit zurückwollte, denn die hatte sie ja zeitlebens nur als vorläufigen Ersatz aufgefasst. Das Kind, das sich nun von ihr trennte, hatte sie also als einen Teil der eigenen Person betrachtet, als genau den Teil, den sie brauchte, um mit sich zufrieden zu sein. Die „neurotische" (weil nach Mustern der Vergangenheit ablaufende) und auf Dauer unhaltbare Lösung für sie war: Wenn ich mir nur viel Sorgen um mein Kind mache, wenn es wegen seiner Schwierigkeiten auch weiterhin auf mich angewiesen bleibt, dann kann ich meine Muterrolle aufrechterhalten. Aber dafür muss das Kind auch weiterhin Schwierigkeiten produzieren!

Ein Kind, das diese Notsituation seiner Mutter spürt – und dafür haben eng gebundene Kinder eine gute Antenne – wird also „Schwierigkeiten" machen, wird gar „krank" werden, weil es damit die Mutter kurzfristig aus ihrer depressiven Lage bringen kann.

(Es hört sich ungeheuer kompliziert an, wenn man diesen Vorgang aufseiten des Kindes psychologisch richtig zu beschreiben versucht, und natürlich wäre ein Kind nie in der Lage, diese Dynamik, die sich in seinem Innern abspielt, in Worte zu fassen. Und dennoch scheint es für eine solche depressive Verstrickung – „Kollusion" – zwischen Mutter und Kind ein tief verankertes biologisches Programm zu geben, denn denselben Vorgang kann man sogar bei weniger weit entwickelten Säugetieren – z. B. bei Affen, Bären, Hunden u. a. m. – beobachten.)

Die psychotherapeutische Hilfe, die eine solche Mutter (und

viele Mütter, deren Kind eine Trennungsstörung aufweist) braucht, muss also drei Schritte beinhalten. Zum einen muss es ihr möglich gemacht werden, die verborgenen, so ganz „unmütterlichen" Gefühle als innere Realität anzuerkennen. Und dafür braucht sie eine Therapeutin oder einen Therapeuten, die/der ihr Mut macht, dazu zu stehen und der nicht die Ansicht „der Gesellschaft" vertritt. Zum andern muss sie die Chance bekommen, zu erkennen und zu erleben, wie absurd das Selbstbild ist, das sie – als Produkt (auch) ihrer Erziehung – bislang mit sich herumgeschleppt hat, nämlich: defekt zu sein und erst durch Leistung liebenswert werden zu können. Drittens braucht sie die Möglichkeit, sich selbst zu beweisen, was wirklich in ihr steckt – mit Einsicht in eigene Probleme allein ist es meist nicht getan. Wenn dazu ihr Arbeitsplatz der richtige Ort ist, dann braucht sie sicher über einige Zeit die volle Unterstützung ihrer/s Psychotherapeutin/en und die ihres Partners, um dem gesellschaftlichen Vorurteil der berufstätigen Mutter als einer Raben-Mutter Mut und Durchhaltevermögen entgegensetzen zu können. Was auch immer sie für eine „eigene" Lösung finden wird, letztlich erspart sie sich damit eine depressive Entwicklung und ihrem Kind eine kinderpsychiatrische Erkrankung.

Wenn wir uns jetzt wieder der Seite des Kindes zuwenden, dann ist vielleicht verständlich geworden, warum es nicht sinnvoll sein kann, Kinderängste in dieser Phase nur als Symptom des Kindes allein zu verstehen und zu behandeln. Natürlich haben Kinder auch im Kindergartenalter Ängste, die eine ganz andere Ursache haben. Aber so lange in dieser für Trennungsprobleme hochsensiblen Phase nicht klar ist, wie weit die Autonomieentwicklung von Kind und Mutter (manchmal, aber sehr selten, betrifft diese Kollusion auch den Vater) gediehen ist, ist es fahrlässig, einfach zur Symptombehandlung der kindlichen Angst überzugehen.

Ängste der Kleinkindzeit, d. h. Schlafängste, Verletzungsängste, spezielle Tierphobien usw., gibt es natürlich ebenso im Kindergartenalter. Oft äußern sich die Ängste bei Kindern dieses Alters sogar viel dramatischer, weil sie, kurz bevor sie in die Schule kommen, aufgrund eines erweiterten Wortschatzes, übernommener Bilder aus dem Fernsehen oder durch Aufschnappen von schrecklichen Erzählungen anderer Kinder eine viel größere Gestaltungsmöglichkeit im Ausdruck ihrer Phantasien besitzen.

Nicht die lauten Ängste sind die schlimmen in diesem Alter, sondern die, die dem Kind seine Vitalität nehmen, die es hemmen und die dafür sorgen, dass es sich in sein Schneckenhaus verkriecht. Wenn Kinder infolge unbewältigter Ängste diesen Rückzug angetreten haben – und das kann auch so aussehen, dass sie alles, was ihnen lieb ist, zerstören –, dann sollten Eltern nicht zögern, einen Kinderpsychiater aufzusuchen. Denn dann besteht die Möglichkeit, dass die Angstsymptomatik der Beginn einer Kinderdepression ist. Zum Glück ist diese Erkrankung sehr selten (etwa 1–2 % aller Kinder dieser Altersstufe sind wirklich depressiv), aber die Experten beobachten seit einigen Jahren eine Zunahme dieser affektiven Störung. Und für Depressionen im Kindesalter ist es typisch, dass sie mit starken Ängsten einhergehen.

Im Schulalter

Auch wenn sich fast alle Erwachsenen an Angsterlebnisse aus ihrer Schulzeit erinnern können, so sind schlimme Ängste, die mit dem Schulalter (6.–12.Lebensjahr) zusammenhängen, doch gar nicht so häufig. Es gibt auch in dieser Altersstufe typische Angstinhalte, und die findet man natürlich bei fast allen Kindern. Aber einige Schüler leiden unter Ängsten, die die Schule nur zum Ausdruck bringt, deren Ursachen aber schon lange vorher bestanden haben: Gemeint sind chronische **Versagensängste**.

In den ersten zwei Schuljahren gehen die allermeisten Kinder gerne in die Schule. Dafür schafft die Betonung des spielerischen Lernens durch pädagogisch zumeist recht gut ausgebildete Grundschullehrerinnen (Lehrer sind immer noch die Ausnahme in dieser Altersstufe) eine freundliche Atmosphäre, die man leider in nachfolgenden Schuljahren immer seltener antrifft. Weil die äußeren Bedingungen so günstig sind, ist diese Zeit am besten geeignet, die Kinder ausfindig zu machen, die so schwerwiegende innere Probleme mitbringen, dass sie umgehend kinderpsychiatrisch untersucht werden sollten, damit sie nicht erst in ihrer Schulkarriere scheitern müssen, um Hilfe zu bekommen. Es sind sehr verschiedene Konstellationen, unter denen sich Schulprobleme mit zum Teil starken Ängsten bereits von Anfang an zeigen:

- Ein Kind hat beim Frühstück Schulbauchweh und Schlafprobleme in der Nacht zum Montag, kommt innerhalb der Klasse aber recht gut klar. Dahinter verbirgt sich zumeist eine **„Schulphobie"** als Ausdruck einer Trennungsangststörung.
- Ein Kind geht zwar gerne in die Schule, zeigt jedoch große Schwierigkeiten bei den ersten Lese- und Schreibübungen oder kann sich nichts merken, was an die Tafel geschrieben worden ist. Meist bemerken Eltern erst einmal gar nichts davon, weil das Kind ja nicht entmutigt wirkt. So sind es auch meist die Lehrerinnen, die die ersten entscheidenden Hinweise geben. Es kann nun eine ganze Reihe von Gründen geben, die festzustellen unbedingt eine kinderpsychiatrische Untersuchung erfordert. Entweder ist ein Kind intellektuell überfordert, also „fehlbeschult". (Diese Konstellation ist in den ersten Schuljahren dank guter Schulung der Lehrerinnen und der Schuleignungstests eher selten. Häufig hingegen ist sie in der Grundstufe der weiterführenden Schulen, Realschule und Gymnasium.) Oder es hat eine umschriebene **Teilleistungsschwäche** wie zum Beispiel eine Lese-Rechtschreib-Schwäche (Legasthenie), eine Rechenschwäche, vielleicht auch eine Merkschwäche für optisch oder akustisch Dargebotenes. Diese Kinder sind besonders gefährdet, Versagensängste zu entwickeln. Denn sie erleben ständig, dass sie auch beim besten Willen nicht vermeiden können, Fehler zu machen.
- Ein Kind fällt der Lehrerin durch erhebliche Konzentrationsschwierigkeiten auf. Wenn es zudem noch motorisch sehr unruhig ist, so sollte geprüft werden, ob es (wie 5 % aller Kinder in diesem Alter) ein „hyperkinetisches Syndrom" (HKS) hat, das heutzutage gut behandelbar ist und früh behandelt werden muss. Aber es gibt diese Störung auch bei äußerlich ruhig wirkenden Kindern (ADS). Sie machen auf die Lehrerin den Eindruck, als träumten sie ein wenig oder seien mit ihren Gedanken immer anderswo. Bei den „Träumern" ist aber auch an

eine **kindliche Depression** (betrifft etwa 2 % aller Kinder in diesem Alter) oder an eine **kindliche Epilepsie** („Absencen"), die allerdings sehr selten ist, zu denken.

● Die größte Gruppe der Grundschulkinder aber, die den Lehrerinnen als problematisch auffallen, sind Kinder mit Konzentrationsstörungen, die auf permanente Reizüberflutung in ihrer Herkunftsfamilie zurückzuführen sind. Kennzeichnend für diese Kinder ist, dass sie schon nach wenigen Monaten die Lust an der Schule verlieren. Sie sind gewohnt, ständig mit wesentlich stärkeren Anreizen stimuliert zu werden, Reizen, die zumeist das Fernsehen zur Verfügung stellt. (Die neuesten Kinderfernsehstudien berichten, dass ein Grundschulkind in unserem Lande mehr als eineinhalb Stunden täglich fernsieht, überwiegend alleine und meist in den Stunden vor dem Schlafengehen!) Die Gewöhnung an einen übermäßigen Stresspegel kann aber auch noch zwei andere wichtige Hintergründe haben: gereiztes Klima in der Familie und Schlafmangel.

Ein Grundschulkind, das nicht regelmäßig spätestens um 21 Uhr seinen Tiefschlaf gefunden hat, wird Übermüdungszeichen in der Schule zeigen: Aufmerksamkeitsstörungen, Motivationsprobleme und „Disziplinstörungen". Statt zu gähnen und den Kopf auf die Bank zu legen, reden müde Kinder häufig dazwischen, können sich nicht für sich beschäftigen und sind ständig auf der Suche nach neuen Anregungen. Sie befinden sich ständig auf einem zu hohen Stressniveau und damit in einer **erhöhten Angstbereitschaft**. Sie gewöhnen sich so sehr daran, dass sie für Angstsignale nur noch schwer erreichbar sind. Sie bringen ihre Lehrer schnell an ihre Grenzen und provozieren eine Kettenreaktion uneffektiver pädagogischer Eingriffe. Sie erscheinen „schamlos" und „respektlos" (was zumeist bedeutet: durch Autoritäts-Angst erzeugende Methoden nicht mehr erreichbar), was unerfahrene Lehrer dazu verleitet, es mit der Erzeugung von Gewissensangst und Bestrafungsangst zu versuchen.

Da in dieser Altersstufe Kinder für **Gewissensängste** besonders empfänglich sind, zeigt die Methode auch kurzfristig Wirkungen. „Wenn lautes Brüllen nicht mehr hilft, dann hilft nur noch, ihnen ins Gewissen zu reden!", ist eine mir aus Lehrergesprächen sehr vertraute Formulierung. Diese Behauptung ist erstens nicht richtig, denn der behauptete Effekt ist nur von kurzer Dauer. Zweitens kommt in ihr zum Ausdruck, dass der betroffene Lehrer davon ausgeht, dem ständigen Stören liege eine zu schwach ausgebildete moralische, also bewusste, Steuerung zugrunde, was biologisch falsch ist. Drittens aber ist diese pädagogische Methode selber ungut für die moralische Entwicklung eines Kindes. Gewissen bildet sich durch die Verinnerlichung von Idealen, Verzichtleistungen, Verboten und Werten, die mit einer wichtigen geliebten Person verbunden sind. Ein Schüler, der sich gewissenhaft an die Vorgaben eines geliebten Vaters hält, genießt damit für sich Orientierung, fühlt die Liebe und Hochachtung wieder, die ihm der Vater jetzt bestimmt zeigen würde (Stolz) und spürt eine Wiederbelebung seiner Liebe zum Vater. Sich an seinem Gewissen zu orientieren, ist also letztlich ein innerlich wohltuendes Erlebnis. Und damit unterscheidet es sich von dem Effekt des Ins-Gewissen-Redens. Denn dieser Effekt besteht in einer Unterwerfung unter eine mächtige Person aus **Angst vor Bestrafung**. Es ist geradezu ein Zeichen seelischer Gesundheit und Stabilität, sich nicht ins Gewissen reden zu lassen von einer Person, die nicht zugleich geliebt, geschätzt und respektiert wird.

Angesichts einer Situation, in der Lehrer zunehmend mit den Auswirkungen mangelnder Liebe und Umsorgung in den Herkunftsfamilien ihrer Schüler zu tun haben und entsprechend wenig Gewissensregelung antreffen, ist die Versuchung gut nachvollziehbar, hier für das Elternhaus einzuspringen. Aber dieser Versuchung nachzugeben, ist fatal für die betroffenen Schüler. Denn auch die beste Lehrer-Schüler-Beziehung ist zeitlich stark begrenzt und erstreckt sich nur auf einen kleinen Ausschnitt des Schüleralltags. Und so ist die Enttäuschung des sich nach Zuwendung sehnenden Schülers schon vorprogrammiert. Tief gehende und häufig erlebte Enttäuschungserlebnisse aber erzeugen Hass, der sich an anderen entladen wird. (Viele gewalttätige Jugendliche haben eine Vorgeschichte mit engagierten „Ersatzeltern", von denen sie immer wieder im Stich gelassen worden sind.) So kann aus naivem, gut gemeintem Engagement großes Unheil entstehen.

Diesen Fehler zu begehen ist nicht ein Privileg der Lehrer, sondern ist gleichermaßen bei Kinderpsychotherapeuten, Erziehern, Sozialarbeitern und Pflegeeltern zu beobachten, die ihre Arbeit nicht professionell durchführen. Das Thema, wie viel Erziehung heute, da viele Eltern diese Aufgabe nicht mehr übernehmen, in der Schule stattfinden soll, ist von großer aktueller Bedeutung und soll daher später noch einmal aufgenommen werden.

Ich habe in Supervisionsgruppen mit Lehrern immer wieder feststellen können, wie sie plötzlich wieder handlungsfähig geworden sind, nachdem sie sich die pädagogisch verfahrene Situation aus Sicht des Kindes als **„chronische Stresssituation"** besser haben vorstellen können. Eine Analogie hat das offenbar gut verständlich machen können: „Erinnern Sie sich an Ihre Jugendzeit! Stellen Sie sich vor, Sie kommen in den frühen Morgenstunden aus einer Disco. Ihr Gehör ist seit Stunden mit Phonstärken beschallt worden, die Sie nahezu taub gemacht haben. Sie schleichen sich so leise wie möglich an den Eltern vorbei in Ihr Zimmer. Am nächsten Morgen werden Sie mit Vorwürfen und Strafandrohungen Ihrer Eltern empfangen, die Ihnen vorhalten, wie „rücksichtslos" laut Sie in der Nacht gewesen seien. Sie werden kaum nachvollziehen können, was die Eltern meinen, fühlen sich zu Unrecht bestraft, schirmen sich innerlich gegen die „nervigen" Eltern ab und werden es auch nach dem nächsten Discobesuch nicht besser machen können ...!"

Nur ein kleiner Prozentsatz dieser „disziplinlosen" Schüler hat wirklich tiefer gehende soziale Anpassungsprobleme. Nach meinen eigenen Erfahrungen schrumpft der Anteil der als „sozial früh gestört" etikettierten Kinder in einer Klasse ganz schnell auf wenige Prozent zusammen, wenn es gelingt, den Kindern im Elternhaus genügend Schlaf, mehr fernsehfreie Spielzeit und morgens ein Frühstück ohne Hetze zu garantieren ...! Außerdem sollten die Lehrer sich etwas einfallen lassen, um einer unruhigen Klasse während der Unterrichtszeit mehr Gelegenheit einzuräumen, ihr hohes Erregungsniveau durch eine Kombination von Sport und Stille-Übungen zu reduzieren.

Nun gibt es aber eine Gruppe von Schulkindern in diesem Alter, deren Problem darin besteht, dass sie nach außen hin so überaus unproblematisch erscheinen. Unter ihnen befinden sich überwiegend Mädchen. Sie gelten als „besonders gewissenhaft" und verbringen bereits in den ersten zwei Schuljahren mehrere Stunden am Nachmittag zu Hause mit Hausaufgaben. Diese Kinder leiden ständig unter dem Gefühl, nicht zu genügen. Sie haben bereits in diesen jungen Jahren das Lernen zur Leistungssituation gemacht und sind an einem Maßstab von Perfektion orientiert, dem sie nie gerecht werden können. Ihr schulisches Leben besteht aus „**Leistungsangst**". Dabei müssen die explizit geäußerten Leistungserwartungen der Eltern gar nicht immer zu hoch sein. Die **unbewusste Angst vor Liebesverlust** ist der Motor, der sie antreibt. Und ohne professionelle Hilfe werden sie niemals dahinterkommen, dass Leistungserfolge zwar Anerkennung, nicht aber die Überzeugung bringen können, liebenswert zu sein. Da diese Kinder viele Jahre, ja bis ins Erwachsenenalter hinein, gut „funktionieren" können, haben sie auch wenig Chancen, als „depressive" Kinder entdeckt zu werden. Das einzige, wodurch sie auffallen, ist ihre **Versagensangst**, die regelmäßig vor Prüfungen ausbricht. Die Umwelt, die Familie und die Lehrer, gewöhnen sich schnell daran, dass die fleißige Petra oder der strebsame Peter halt vor Prüfungen immer „etwas nervös werden, obwohl sie doch gar keinen Grund dazu haben". Die Eltern berichten, dass sie plötzlich „ganz andere" Kinder haben, wenn die Ferien anbrechen, plötzlich können sie wieder spielen und lesen.

In dieser Situation befinden sich häufig auch recht begabte Kinder, und so zementieren die Einschätzungen „begabt" und „leistungsorientiert" einen Zustand, der im Laufe der Jahre dem einer seelischen Wüste entspricht, in der es kein Wasser und keinen Schattenplatz gibt und in der man gut daran tut, immer weiter zu laufen, damit man den Durst nicht spürt. Solche Kinder brauchen dringend eine psychotherapeutische Behandlung, für die es einen Zeitraum von mindestens einem Jahr geben sollte. Ihre Eltern aber brauchen die Vorwarnung, dass sie nicht gleich mit einem „Erfolg" der Behandlung rechnen können. Denn zumeist zeigen die Kinder im Laufe der

Behandlung erst einmal wieder kleinkindhafte Weisen („Regression"), um ihre Bedürfnisse nach Liebe und Geborgenheit zu äußern. Die Vorstellung, dass diese Kinder nach Abschluss der Therapie nicht mehr so leistungsfähig sein würden wie zuvor, entspringt der Phantasie der Eltern (die als Kind oft selbst eine solche Laufbahn begonnen haben), entspricht aber nicht der Erfahrung von Lehrern und Kinderpsychotherapeuten. Ganz im Gegenteil, meist zeigt sich, dass die Kinder auf der Basis einer größeren inneren Freiheit jetzt zu Leistungen in der Lage sind, die sie ohne die (Wieder-) Belebung ihrer Kreativität nie hätten erbringen können. Auch ein zweites Vorurteil erweist sich als unbegründet, die Folge einer solchen Behandlung seien zunehmende Verhaltensprobleme. Das Einfordern von Liebe und Zuneigung und das Zutagetreten von inneren Konflikten löst zwar Unruhe in der nächsten Umwelt aus. Aber bei Einbeziehung und fachlich kompetenter Aufklärung der Eltern erweist sich eine solche Familiendynamik oft als Belebung, die auch anderen in der Familie mehr Freiheit und seelische Gesundheit ermöglicht.

- **Schulschwänzer** sind zumeist Jungen, und sie unterscheiden sich von anderen Kindern mit Schulangst dadurch, dass sie eine auf gewisse Zeit tatsächlich funktionierende Methode gefunden haben, sich der Anpassung an die gesetzliche Schulpflicht zu entziehen, um damit ihrer **latenten sozialen Schulangst** zu entgehen. Eltern bemerken das Schulschwänzen oft lange Zeit gar nicht und werden erst durch die Lehrer darauf aufmerksam gemacht, dass ihr Kind zwar morgens das Haus Richtung Schule verlassen haben mag, dort aber nie angekommen ist. Bei ihnen geht die Angst wirklich von der Schule selbst aus. Sie ist nicht eine Angst vor Leistungsversagen, sondern vor demütigenden Erfahrungen, die diese Kinder unweigerlich mit Lehrern und Mitschülern machen würden. Sie verfügen meist nicht über ausreichend entwickelte soziale Fähigkeiten. Neueste Forschungen haben gezeigt, dass es außer den beschriebenen intellektuellen Teilleistungsschwächen tatsächlich auch soziale Teilleistungsschwächen gibt. Die Fähigkeit zur sozialen Anpassung ist nämlich nicht allein ein Produkt der vorschulischen Erziehung, sondern in hohem Maße abhängig von sozialer Wahrnehmung. Die stärkste Ausprägung dieser Störung zeigen autistische Kinder. Kinder mit einem „Kanner-" oder „Asperger-Syndrom", also mit einer schweren Form des Autismus, die fast ausschließlich bei Jungen vorkommt, sind sehr selten (0,3 %). Leichtere soziale Wahrnehmungsstörungen findet man aber häufig bei Kindern, die in Gewaltauseinandersetzungen eigentümlich emotional unerreichbar erscheinen. Sie können kaum gefährliche Situationen gestuft erkennen und beantworten, und ihre Brutalität ist Ausdruck einer partiellen empathischen Blindheit. Nun kann zwar Empathie, also die Fähigkeit, sich in sein Gegenüber einzufühlen, durch Gruppenorientierung, durch Ideologie („Lass dir nichts gefallen!") und durch Verführung (z. B. den Konsum gewalttätiger Fernsehsendungen) bei fast jedem Kind außer Kraft gesetzt werden. Diese Kinder aber offenbaren ihre mangelnde Empathie in allen Lebenssituationen, auch in solchen, in denen es gar nicht um Aggression geht. Da solch ein Mangel an Empathie genetisch mitdeterminiert ist, müssen konventionelle pädagogische Methoden scheitern. Diese Kinder brauchen sehr früh ein spezielles soziales Training, das unter stationären Bedingungen, wie sie Tageskliniken der Kinderpsychiatrie heute anbieten können, gute Erfolgsausichten hat.

● Zumeist schon lange vor dem Schulantritt machen sich Eltern Sorgen, wenn ihr Kind auffallend schüchtern und sozial gehemmt erscheint. Die meisten dieser Kinder lernen rasch dazu, wenn sie sich durchsetzen müssen. Aber ein gar nicht kleiner Anteil von ihnen, nämlich mehr als 10 %, leidet unter einer **sozialen Angststörung**. Heute wissen wir, dass es sich dabei tatsächlich um eine erhöhte Angstbereitschaft handelt, die als Vorläufer für Depressionen gilt. Bestehen die Symptome der Angst vor den anderen auch noch nach den ersten Monaten der Einschulung fort und sind in der Herkunftsfamilie Angststörungen und Depressionen verbreitet, dann benötigen sozial gehemmte Kinder ein spezielles Training, mit dem sie ihre soziale Kompetenz erweitern lernen. Analog den Kindern, die durch ihre ungebremste Aggressivität auffallen, fehlt ihnen nämlich tatsächlich die Fähigkeit, soziale Situationen angemessen einschätzen und beantworten zu können. Sie scheitern schon an einfachen Aufgaben sich zu behaupten, können nicht „Nein" sagen und glauben, bereits aggressiv zu wirken, wenn sie nur ihren Willen anderen kundtun. Viele Kinder, die sich jahrelang mit **Sprechängsten** herumschlagen, leiden unter diesem Defizit. Und man tut ihnen bitter Unrecht, wenn man ihnen „verdrängte Aggressivität" unterstellt und sie unter dieser Hypothese psychotherapeutisch behandelt.

Etwa ab dem achten Lebensjahr können Kinder **Todesangst** entwickeln. Bis zu diesem Alter fehlt ihnen die Vorstellung, dass ein Mensch unwiderruflich fortbleiben wird. Sie beginnen jetzt auch zu ahnen, dass sie selbst einmal sterben und das heißt auf immer werden Abschied nehmen müssen. Wie jede neue Errungenschaft in ihrer Entwicklung pflegen sie auch diese erst einmal über Gebühr zu strapazieren. Und so kommt es nicht selten vor, dass Eltern sehr beunruhigt sind, wenn ihr Kind beginnt, des Öfteren von Tod und Sterben zu sprechen. Im Unterschied zu depressiven Kindern (die im Übrigen solche Gedanken schon Jahre früher äußern können) erzählen sie aber davon ohne große innere Beteiligung und ohne den Eindruck zu erwecken, traurig zu sein. Wie sehr es sich hier noch um ein Ausprobieren handelt, kann man beobachten, wenn dieselben Kinder plötzlich wirklich mit dem Tod eines lieben Menschen konfrontiert werden. Dann ziehen sie sich wieder in ihre magische Welt zurück und leugnen die Endgültigkeit des Verlustes. Nicht anders machen es Menschen auch noch in höheren Alterstufen, wenn sie nicht genügend Kraft zum Trauern aufbringen können.

Mit der aufkommenden Todesvorstellung verändert sich auch das Vorstellungsvermögen der Kinder für Zeit. Sie gehen nun nicht mehr davon aus, dass alles, was sie sich wünschen, sofort passieren wird und muss. Sie können sich erstmals Freude aufbewahren und sich vorstellen, dass nach Ablauf einer bestimmten Zeit das, worauf sie sich jetzt schon so freuen, wirklich eintreten wird. Kinder können dieses neu entdeckte Gefühl der „Vorfreude", die manchmal wie eine **„Erwartungsangstlust"** aussehen kann, richtig zelebrieren und sogar äußern: „Wie toll, dass ich jetzt was zum Vorfreuen habe!" Unter diesem Gesichtspunkt lohnt es sich, einmal die verheerende Wirkung der Kinderwerbung anzuschauen, die suggeriert, man könne alles sofort bekommen, wenn die Eltern denn nur das nötige Geld locker machten. Eltern schimpfen – zu Recht – darüber, dass der anwachsende Verkehr ihren Kindern die Spielmöglichkeiten außerhalb der Wohnung wegnimmt. Auch gibt es eine zunehmende Sensibilität gegenüber verrohenden Gewaltdarstellungen im Fernsehen. Aber warum wehren sich nicht viel mehr Eltern gegen die rücksichtslose seelische Verkümmerung, die eine ungebremste Werbeindustrie bei ihren Kindern anrichtet? Und warum leisten sie keinen Widerstand, und sei es nur durch Abschalten des Fernsehens, gegen Außenstehende, die es schaffen, ihre eigenen Kinder gegen sie aufzubringen. Denn der Konsumdruck äußert sich überwiegend in einem Druck der Kinder auf ihre Eltern und trägt damit zur Zerstörung von Familien bei. Wie ernst das Problem ist, hat zum Beispiel die Regierung von Schweden erkannt, die demnächst ein EU-weites Werbeverbot zumindest für Kindersendungen durchsetzen will.

Ängste im Schulalter, so haben wir gesehen, sind in ihren Ursachen und in ihren Themen oft nur schwer auf Anhieb zu verstehen. Und es ist auch nicht wünschenswert, dass sie so selten wie möglich auftreten. Denn Angsterlebnisse sind wichtig für Neuorientierungen und damit für die gesamte Entwicklung eines Kindes. Problematisch ist nur, wenn die Umwelt Ängste der Kinder gar nicht mehr kennt, weil sie Erwachsenenmaßstäbe anlegt, wo die seelischen und geistigen Voraussetzungen noch die einer kindlichen und noch weit in die Vorpubertät hinein magischen Welt sind.

IV. Angststörungen

Wann wird aus Angst eine Angststörung?

Angst ist Bestandteil eines jeden menschlichen Lebens genauso wie Schmerz, Hunger und Durst. Aber wir sprechen nicht von einer Hungerstörung, wenn ein Mensch sehr hungrig, und auch nicht von einer Durststörung, wenn er arg durstig ist. Warum ist das bei Angst und Schmerz anders? Die Beantwortung dieser Frage ist nicht so beliebig, wie wir zuerst vielleicht einmal annehmen könnten. Der Übergang von der Angst zur Angststörung (und das Entsprechende gilt auch für den Schmerz) ist kein rein quantitatives Problem. Es hat nicht jemand, der vor Spinnen Angst hat, schon allein deswegen eine Spinnen-Angststörung (in diesem Falle sprechen wir von einer „Spinnenphobie"), weil er die Angst sehr stark empfindet, besonders starkes Herzklopfen hat oder ungewöhnlich laut schreit, wenn er einer Spinne begegnet. Nein, es muss noch ein besonderes Kriterium erfüllt sein. Dieses Kriterium heißt „soziale Beeinträchtigung". Darunter versteht man einen Zustand, der das gesamte Erleben und Verhalten mit einer eigenen Gesetzmäßigkeit nachhaltig bestimmt. Eine Angst wird also dann zur Angststörung, wenn sie

1. mit körperlichen, geistigen und seelischen Veränderungen einhergeht und dabei eine pathologische Eigengesetzmäßigkeit entwickelt,
2. über eine ausreichend lange Zeit in dieser Form immer wieder auftritt oder anhält und
3. sich nicht spontan zurückentwickelt, sondern die Entwicklung langfristig negativ beeinträchtigt.

Wenn wir uns diese Definition anschauen, dann wird deutlich, weshalb die bisher beschriebenen Ängste als „normal" im Leben eines Kindes einzustufen sind. „Normal" bedeutet nicht „unwichtig" und besagt noch lange nicht, dass solche Ängste nicht mit Leiden verbunden sein könnten. Ein kleines Kind von zwei Jahren leidet ganz offensichtlich unter einer Trennung, wenn es sich der Nähe zur Mutter nicht mehr sicher ist. Aber es hat deswegen noch keine „Trennungsangststörung". Erst wenn es die Hoffnung aufgibt, dass die Mutter wiederkommen könnte, wenn es daraufhin nicht mehr spielen und schlafen kann und wenn es sich durch die zurückkehrende Mutter nicht mehr aus dieser verinnerlichten Angstsituation befreien lässt, erst dann kann der Beginn einer Trennungsangststörung vermutet werden.

Es hängt also für die Unterscheidung zwischen „Normalität" und „Störung" sehr viel davon ab, wie viel wir aufgrund wissenschaftlicher Untersuchungen darüber aussagen können, was sich vermutlich in einem Kind abspielt und was wir wissen von dem langfristigen Verlauf des Angstzustandes. So betrachtet, werden wir also hochkritisch sein, wenn Autoren schreiben „Kinder werden immer ängstlicher" oder „Kinder kommen immer besser mit der Angst zurecht". Und wenn wir dann erfahren, dass sie die Kinder nur zu einem einzigen Zeitpunkt gefragt haben, ob sie derzeit Angst empfinden oder nicht, dann sollten wir ihnen wenig Glauben schenken.

So haben einige Autoren zum Beispiel großes Aufsehen in der Presse erregt, als sie veröffentlichten, dass bei Kindern zu Zeiten des Golfkrieges die „Kriegsangst enorm zugenommen" habe, oder als andere schrieben, dass Kinder in Belfast zur Zeit schlimmster Unruhen in Nordirland „erstaunlich wenig ängstlich" gewesen seien. Im ersten Fall hat sich herausgestellt, dass die Kinder seismographisch die Angst ihrer Eltern widerspiegelten, im zweiten Fall, dass sie sich zunehmend für aggressive Kriegsspiele entschieden hatten, also „kontraphobisch" reagiert hatten. Ähnliche Berichte gibt es von „erstaunlich wenig Ängsten" bei Kindern, die in Kriegsgebieten leben.

Kinder haben eine große Fähigkeit, ihre Umwelt über das, was sich in ihnen abspielt, im Ungewissen zu lassen. Das hängt einmal mit ihrer Verhaftung im magischen Denken zusammen, zum anderen aber auch damit, dass sie unangenehme Gefühlszustände viel schneller überspielen, verschieben oder verleugnen können als Erwachsene. Wenn ein Kind also erst einmal eine „Angststörung" entwickelt, dann muss in seinem Inneren schon vieles an typisch kindlichen Kompensationsversuchen fehlgeschlagen sein. Daher ist es wichtig, kindliche Ängste in ihrer altersentsprechenden Ausprägung zu kennen, damit man sie nicht gleich für ein Krankheitssymptom hält. Andererseits ist es aber ebenso wichtig, Angststörungen bei Kindern zu erkennen, denn sie bedeuten außer aktuellem Leid auch noch das hohe Risiko, in eine seelische Fehlentwicklung überzugehen.

100 % aller Kinder zeigen im Laufe der Entwicklung mehr oder weniger stark ausgeprägte Angstzustände. Aber 10 % aller Kinder leiden an einer echten „Angststörung". Unter ihnen sind die drei häufigsten die Trennungsangststörung (4 %), die Generalisierte Angststörung (3 %) und die Phobien (2 %). Etwa 1 % aller Kinder leiden so stark unter ihrer Schüchternheit und ihren Schamgefühlen, dass sie als „sozial phobisch" gelten können. Echte Panikstörungen gibt es sehr selten vor Beginn der Pubertät. Häufig treten die Angststörungen kombiniert auf, sehr oft zusammen mit depressiven Symptomen. Generell leiden Mädchen in der Kindheit eher unter Angststörungen als Jungen. Dieser Unterschied wird dann in der Adoleszenz noch wesentlich größer. Trennungsangststörungen finden sich gehäuft in unteren sozioökonomischen Schichten, Generalisierte Angststörungen indes in höheren. Die verschiedenen Angststörungen haben eine sehr verschiedene Tendenz, sich nach einem Zeitraum von mehreren Monaten oder Jahren zurückzuentwickeln. Einige reichen bis ins Erwachsenenalter.

Angst vor Trennung

Wenn ein Erwachsener mit einer lebenslangen Trennungsangststörung rückblickend berichtet, so kann in uns ein Bild entstehen, das eine meiner Patientinnen tatsächlich einmal benutzt hat, um ihr Lebensgefühl zu beschreiben: „Es war wie ein Laufen über Eisschollen!"

Eine solche Lebensbeschreibung reicht zumeist bis weit in die Kleinkindzeit zurück. Ja bereits im 6. Lebensmonat gibt es Kinder, die völlig verzweifelt auf die Trennung von ihrer Mutter reagieren, als sollte ein Teil aus ihrem Körper entfernt werden. Zwischen dem 12. und 36. Lebensmonat sind Trennungsprobleme derart häufig, dass diese Kinder unter Altersgleichen kaum mehr auszumachen sind. Doch spätestens mit Eintritt in den Kindergarten, wenn sie einen großen Sprung von einer vertrauten auf eine unbekannte Eisscholle machen sollen, wird ihre latente Angstbereitschaft offensichtlich, und jedermann kann erkennen, dass sie unter dieser Angststörung sehr leiden. Auch in Zeiten, in denen das Thema „Trennung" gar nicht aktuell ist, machen sie sich ständig Sorgen um die Gesundheit der Mutter (bzw. der nächsten Bezugsperson), vergewissern sich immer wieder, wo in der Wohnung die Mutter jetzt was, warum und wie tut. Es ergibt sich daraus kein Gespräch, nein, „ich wollte nur mal gucken, was du so machst".

Je älter ein Kind wird, um so besser kann es sich vorstellen, welche Trennungsgefahren in der Zukunft noch lauern. Es mag daher gar nicht gerne an die Zukunft denken. So schleicht sich ganz allmählich eine depressive Symptomatik ein. Trennungsangstkinder wirken immer irgendwie traurig, aber bei ihrer stets freundlichen und harmonisierenden Umgangsweise liegt der Gedanke erst einmal fern, sie könnten eventuell an einer Depression leiden. In ihren (zumeist sehr einförmigen) Phantasien spielt ebenso wie der drohende Verlust der Mutter der Gedanke eine wichtige Rolle, welche Katastrophe eintreten werde, wenn sie selber durch ein Unglück oder durch Entführung von der Mutter getrennt würden. Deswegen mögen sie auch nicht die ihnen vertraute Umgebung verlassen. Und wenn das Reihumübernachten im Freundeskreis dran ist, dann müssen alle Freundinnen eines solchen Mädchens (Jungen sind deutlich seltener betroffen) halt bei ihr übernachten – was sie zumeist auch tun. Denn die Umwelt empfindet ein solch starkes Mitleid mit dem betroffenen Mädchen und hat schon so manche dramatische Zuspitzung mitangesehen, dass sie schnell bereit ist nachzugeben. Ein solches Kind will und kann auch nicht alleine bleiben, auch nicht im eigenen Zimmer, ohne die Gewissheit, sofort zur Mutter Kontakt aufnehmen zu können. Natürlich stellen sich die Eltern bald darauf ein, ihre dramatisch verlaufenden Versuche, ihr Kind alleine schlafen zu lassen, resigniert aufzugeben. (Einer meiner Patienten, der schwer von dieser Störung betroffen war und dessen Mutter ebenfalls zeitlebens unter einer Trennungsangststörung gelitten hatte, teilte noch mit 17 Jahren das Bett mit der Mutter.) Und wenn die Eltern dann noch von den schlimmen Alpträumen erfahren, die diese Kinder über Jahre quälen können, Träume, in den immer wieder Katastrophen und Trennungsdramen auftreten, dann unterdrücken sie ihren Ärger und Verdruss und beginnen, ihr Kind wie ein chronisch behindertes zu umsorgen. Die Reaktion der Umwelt auf ein solches Kind wechselt zwischen Mitleid und Wut und unterscheidet sich damit in seiner Dynamik deutlich von der Reaktionstendenz gegenüber einem depressiven Kind.

Immer wenn größere Änderungen unvermeidlich sind, d. h. im 4. Lebensjahr beim Beginn des Kindergartens, mit Schuleintritt im 7. Lebensjahr, beim Schulwechsel im 11. Lebensjahr und beim Eintritt in die raue Gruppenwelt der Teenies, immer dann verstärken sich die Symptome, nicht nur die seelischen, auch die körperlichen. Sind es im Kleinkindesalter noch Bauchweh, Übelkeit und Kopfschmerzen, so ähneln die Symptome im Jugendalter mit Tachykardie, Schwindelanfällen und Ohnmachten bereits denen einer Stressreaktion im Erwachsenenalter.

Wie bereits früher berichtet, verbirgt sich hinter der Schulverweigerung („Schulphobie") in den allermeisten Fällen eine Trennungsangststörung. Das gleiche gilt für so manchen „Spätzünder" in der Adoleszenz und für „Nesthocker" nach Beendigung der Schulzeit.

Was steckt eigentlich dahinter, wenn Kinder immer wieder an einem Problem herummachen, das 97 % aller Kinder im Alter von 3 Jahren bewältigt haben?

Noch kennen wir keine ganz befriedigende Antwort. Aber zwei Beobachtungen im Umgang mit diesen Kindern deuten in dieselbe Richtung. Da ist zum einen die Tatsache, dass jedes dritte dieser Kinder tatsächlich parallel zu seiner Angststörung eine kindliche Depression aufweist und dass bei fast allen depressive Symptome vorkommen. Zum andern die Erfahrung, die man in psychoanalytischen Langzeitpsychotherapien mit diesen Kindern machen kann. (An dieser Stelle sei bemerkt, dass es sich bei dieser therapeutischen Vorgehensweise nicht um die Methode der Wahl handelt. Trennungsangstkinder brauchen eine verhaltenstherapeutisch strukturierte Behandlung, die bei unerträglicher Angstsymptomatik auch durch Medikamente unterstützt werden muss.) Die psychoanalytische Behandlung zielt auch nicht auf die Bewältigung der Trennungsprobleme selber, sondern auf die depressive Innenwelt eines solchen Kindes. Während wir bei primär depressiven Kindern gewöhnlich auf ein sehr negatives Selbstbild, auf mangelndes Selbstvertrauen und Hoffnungslosigkeit treffen, sieht das Phantasieleben solcher trennungsangstkranker Kinder etwas anders aus. Man stößt zuerst einmal auf Leere. Und wenn man zusammen mit dem Kind gelernt hat, dieses beschämende Gefühl auszuhalten, dann tauchen sehr unreife Größenphantasien und sehr kleinkindhafte Wünsche nach Gefüttert-, Gestreichelt- und Geschütztwerden auf. Bislang ist unklar, warum diese Wünsche so heftig fortbestehen, haben doch die meisten dieser Kinder eine eng umsorgte Kindheit hinter sich, sind stets gleich befriedigt worden und haben selten unter Zurückweisung gelitten. Viele von ihnen sind lang ersehnte Wunschkinder, viele sind Nachzügler in einer größeren Geschwisterschar oder aber Einzelkinder.

Unser augenblickliches Wissen über die Ursachen der Trennungsangststörung geht in folgende Richtung: Zum einen ist eine genetische Disposition für depressive und Angststörungen anzunehmen. Dafür spricht die Beobachtung, dass sich in den Herkunftsfamilien gehäuft solche psychischen Belastungen finden. Zum andern dürfte es aufgrund eines feinfühligen Entgegenkommens der Mutter sehr früh zu einer symbiotisch geteilten Welt zwischen Mutter und Kind gekommen sein. In einer Symbiose aber hat die Phantasie keinen Platz. Es fehlen daher bei diesen Kindern bezeichnenderweise Übergangsobjekte, also Ersatzlösungen, die die schmerzlich erlebte Trennung von der Mutter hätten überbrücken können. Warum? Nun, höchstwahrscheinlich deswegen, weil die Mutter ihrem Kind keine Trennung hat zumuten wollen. Und drittens hat sich die gesamte nahe Umwelt kontinuierlich auf die Trennungsprobleme des heranwachsenden Kindes einzustellen gelernt, hat alles vermieden, um die gefürchteten dramatischen Szenen nicht immer und immer wieder aushalten zu müssen. So lange diese Umwelt aufrechterhalten werden kann, bricht die dramatische Symptomatik nicht aus.

Wie stabil eine solche Symbiose gelebt werden kann, habe ich im Rahmen einer Landarztpraxisvertretung einmal erlebt, als mir eine Mutter, Bäuerin auf einem großen Einsiedlerhof im Schwarzwald, telefonisch ihr Töchterchen zu Untersuchung anmeldete und fragend hinzufügte, ob sie derweil vor der Sprechzimmertüre warten dürfe, das gebe der Tochter die nötige Sicherheit. Zum verabredeten Termin erschien eine zweiundachtzigjährige, noch sehr rüstige Schwarzwälderin im Sonntagsornat mit ihrer achtundfünfzig Jahre alten blassen Tochter, die sich erst nach langen Vorreden von der Hand der Mutter lösen konnte. Es war dieses „Töchterchen", das ihr Leben als „ein Laufen über Eisschollen" beschrieb. Sie hatte nie das Elternhaus verlassen, war von der Schule freigestellt worden, hatte nie einen Freund kennengelernt und sich zeitlebens auf dem großen elterlichen Hof nützlich gemacht. Auch die beiden älteren Brüder hatten nie den Hof verlassen, waren jedoch zu Schule und Ausbildung vorübergehend ausgezogen, hatten aber auch nie eine Lebenspartnerin gefunden. Ihr Vater war dreißig Jahre älter als ihre Mutter gewesen und war hochbetagt, mit vierundneunzig Jahren, an den Folgen einer Leberzirrhose verstorben. Er sei schwermütig gewesen und habe daher des Öfteren zur Flasche gegriffen. In den Herkunftsfamilien beider Eltern fanden sich viele Personen, die an Depressionen und Angststörungen („gutherzige Sonderlinge") gelitten hatten.

Zum Glück für die Betroffenen leistet die städtische und industrialisierte Umwelt heutiger Zeiten diesen Lebensschicksalen trennungsangstkranker Kinder Widerstand. Aber immer wieder finden sich Ärzte und Schulbehörden, die mit Attesten und Schulpflichtbefreiungen der Erkrankung Vorschub leisten.

Heute gilt es als unverzichtbar, die Verweigerung der Trennung sobald wie möglich zu unterbinden. Je länger eine Schulverweigerung anhält, umso massiver wird die Symptomatik. In der ambulanten Therapie wird auf eine Desensibilisierung für die starken Angstreaktionen hingearbeitet. Manchmal stellen Antidepressiva (Serotonin-Reuptake-Hemmer sind wirksamer als Trizyklika), Benzodiazepine (Alprazolam) und Betarezeptorenblocker (Propranolol) erst den ertragbaren Angstpegel her, auf dem eine Psychotherapie (unter Einschluss der Familie) möglich wird. Bei Nichtbehandlung ist die Prognose dieser Angststörung schlecht. Gelingt eine Behandlung, so profitieren diese schwer leidenden Patienten objektiv und subjektiv sehr. Für viele beginnt erst jetzt ein Leben in Freiheit.

Und dennoch müssen sie zeitlebens damit rechnen, bei Lebensaufgaben, die das Trennungsthema beinhalten, mit Rückfällen und Depressionen konfrontiert zu werden. Das muss durchaus nicht ein Leben in Angst und Depressivität bedeuten. Ein über diese seine besondere Disposition aufgeklärter Mensch tut aber gut daran, mit Humor seine Lebensnischen zu kultivieren und seine Trennungsfähigkeiten nicht über Gebühr zu strapazieren.

Immer ängstlich

Wenn ein Erwachsener „nur noch ein Bündel Angst" ist, oder wenn ein Kind als „Angsthase" gilt, dann liegt bei ihnen wahrscheinlich eine „Generalisierte Angststörung" vor. Sie besteht bei 3 % aller Kinder, bei Jungen und Mädchen etwa gleich oft und findet sich häufiger in sozio-ökonomisch besser gestellten Schichten. Auch wenn die betroffenen Kinder mit diesem Handikap bereits im Kleinkindesalter als sehr scheu und furchtsam auffallen, wird es doch erst im Grundschulalter für alle Beteiligten zum offensichtlichen Gesundheitsproblem. (Im Übrigen manifestiert sich die Erkrankung am ehesten nicht in der Kindheit, sondern im Alter zwischen 20 und 30 Jahren).

Die Bezeichnungen „Angsthase" oder „Heulsuse" für Kinder, die „immer kneifen", sich „jedes Mal furchtbar anstellen", sich ständig Sorgen machen und „nichts anpacken", deuten an, dass Kinder mit dieser Angsterkrankung wenig Sympathie hervorrufen. Jedes Kind zeigt sich irgendwann einmal von dieser Seite. Aber bei den wirklich kranken Kindern besteht diese Störung anhaltend über wenigstens sechs Monate an mindestens der Hälfte der Tage, und ihre Ängste und Sorgen sind nicht auf eine einzige Situation ausgerichtet (wie bei der Trennungsangststörung), sondern erstrecken sich an manchen Tagen auf alles und jedes. Während dieser Zeit sind sie nervös, können sich nicht entspannen, sind immer unruhig, stets gespannt, dass etwas passieren könnte, sehr reizbar und verspannt. Sie schlafen schlecht, sind schnell erschöpft und ermüden rasch. Sie können sich an schlimmen Tagen in der Schule überhaupt nicht konzentrieren und haben das Gefühl, bei jeder Rechenaufgabe geistige Schwerstarbeit zu leisten.

Da sie abgespannt und müde aussehen, werden sie meist auch erst einmal beim Kinderarzt vorgestellt, der aber nichts finden kann. Es dauert leider in vielen Fällen Monate oder Jahre, bis ein solcher kleiner Patient wirklich da auftaucht, wo man seine Erkrankung kennt und ihm auch helfen kann – beim Kinderpsychiater. Vielen Eltern ist die Hürde der „Psychiatrisierung" ihres Kindes zu hoch. Wenn man sie nach ihren diesbezüglichen Befürchtungen fragt, dann bekommt man hauptsächlich zwei Arten von Antworten, die mir sehr gut nachvollziehbar sind. Zum einen halten Eltern es erst einmal für viel plausibler, dass ihr Kind „schlicht faul" sei, „sich nur anstellt" oder aber organisch krank sei. Entsprechend viel Geld wird auch, wenn der Kinderarzt keinen organischen Hintergrund finden kann, zu medizinisch-psychologischen Scharlatanen getragen. In der anderen Art von Antworten kommt ihre Angst vor erblicher Belastung zum Ausdruck, denn die familiäre Häufung dieser Erkrankung ist sehr groß, und es gibt in jeder Familie so manche Tante und so manchen Onkel, auf den „unser Kind doch hoffentlich nicht hinauskommt".

Ich erinnere mich noch gut an die elfjährige Nadja, die mir eine Tages von einem Kinderarzt angemeldet wurde, nachdem er sich mehr als eine ganze Stunde lang mit ihren vielfältigen Symptomen beschäftigt hatte. Sie war morgens in der Schule ohnmächtig zusammengebrochen und von der völlig aufgelösten Lehrerin selbst in seine Praxis gebracht worden. Dort angekommen habe sie gleich versucht, tapfer zu sein, habe aber am ganzen Leibe gezittert und gleich gesprudelt wie ein Wasserfall. Da er die Familie nicht kenne und die Eltern auch nicht telefonisch erreichen könne, habe er sich aufgrund ihrer vielfältigen Geschichten ein Bild zu machen versucht. Sie habe nur von Gespenstern geredet, von Autounfällen und vom sauren Regen, der – das sei am Tage zuvor im Fernsehen gekommen – langsam aber sicher alle Gebäude zum Einsturz bringe. Eigenartige Andeutungen habe sie vom Großvater gemacht, der sie seit einiger Zeit manchmal so komisch angucke und ihr ganz häufig Schokolade schenke, wovon die Eltern aber nichts erfahren dürften. Heute Morgen habe sie in der Schule solch einen Schokokringel gegessen, und da habe sie das Gefühl gehabt, der sei vergiftet. Denn der habe so einen komischen Geschmack gehabt. Nach dieser Erzählung sei er (als erfahrener Kinderarzt) plötzlich hellhörig geworden. Er habe an sexuellen Missbrauch oder an eine kindliche Psychose gedacht, sei sich aber nicht sicher, daher bäte er mich um meine Einschätzung. – Ich konnte die Sorge des Kinderarztes gut nachvollziehen, zumal die Elfjährige in ihrem Auftreten bereits etwas Kokettes und Verführerisches an sich hatte, wie man es erst bei einer etwa vier Jahre älteren Jugendlichen erwartet hätte. Sie war auch ganz offenbar stolz auf ihr hübsches Aussehen und erzählte mir ebenso stolz, dass sie ein paar Tage zuvor bereits ihre erste Monatsblutung erlebt habe. In unserem Gespräch in Anwesenheit der Lehrerin wurde sie allmählich ruhiger und entpuppte sich als ein innerlich sehr ängstliches kleines Mädchen, das wegen seiner Angst vor „blutigen Gespenstern" Nacht für Nacht ins Bett der Eltern kam, weil sie es in ihrem eigenen Zimmer nicht mehr aushielt. Schon früher habe sie sich auch tagsüber immer wieder ins Bett zu ihren siebzehn (!) Kuscheltieren zurückgezogen, die Decke über dem Kopf, die Ohren mit beiden Händen zugehalten. So habe sie stundenlang mit offenen Augen gelegen, auf alle Geräusche in der Wohnung gehorcht und klopfenden Herzens nur darauf gewartet, dass endlich irgendjemand von der Familie nach Hause käme. Meist sei als erster der ältere Bruder gekommen, und der habe sich stets einen Spaß gemacht, sie zu erschrecken. Diesmal durfte Nadja bei mir warten, bis die Mutter kam, sie abzuholen. Deren erster Kommentar zu ihrer Tochter: „Na, hast du wieder mal alle verrückt gemacht?" Nadja schien das schon zu kennen und zog sich sogleich schmollend in ihr Schneckenhaus zurück. Im Einzelgespräch mit der Mutter zeigte sich, dass sie mit Nadja schon seit Jahren „dieses Theater" erlebt habe und dass der im Nachbarhaus wohnende Großvater, ein pensionierter Lehrer, sie als Eltern schon des Öfteren ermahnt habe, sie müssten Nadja einmal *psychologisch untersuchen lassen. Solche Kinder, die immer Angst hätten, habe er früher immer wieder in seinen Schulklassen gehabt, und da könne man etwas tun.*

Nadja war also solch ein Mädchen mit einer „Generalisierten Angststörung". Und die lange Vorlaufzeit ihrer Vorstellung bei einem Kinderpsychiater war typisch für diese Form kindlicher Angststörungen. Nadja konnte in der sich anschließenden Psychotherapie selbst viel über ihre „Feuerkrankheit", wie sie sie nannte, lernen. Zum Glück war sie sehr gescheit und konnte mit Entspannungstechniken, mit Gedankenstopptraining und Rollenspiel viel anfangen. Sie entdeckte auch die positiven Seiten ihrer „Feuerkrankheit" und war richtig stolz auf ihren großen Reichtum an Phantasien, die sie in ihren Geschichten und wunderbar farbigen Bildern zum Ausdruck bringen konnte. Das waren die Bereiche, in denen das Feuer richtig lodern durfte.

(Ich vermied es, besondere Konfliktthemen zu betonen und Hypothesen über unbewusste Hintergründe ihrer Geschichten zu äußern. Denn die Angst bei solchen Patienten ist nicht Ausdruck verdrängter Wünsche, sondern ein Zeichen dafür, dass es ihnen an Fähigkeiten mangelt, mit Angst verbundene Einfälle zu strukturieren und deren emotionales Gewicht zu relativieren. Sie klammern sich nicht aus Angst an jeden Strohhalm, sondern die Angst ist selbst der Strohhalm, an den sie sich immer wieder klammern. Die Angst als solche ist ihr wichtigstes Beziehungsobjekt. Die innere Dynamik ist also grundsätzlich von der bei Trennungsangststörungen verschieden.)

Als sie von ihren Eltern einmal gefragt wurde, was sie denn eigentlich in den Therapiestunden erlebe, da erzählte sie, wir machten immer die „Feuer an-Feuer aus-Spiele". Das sei oft ganz lustig, aber auch ganz schön anstrengend.

Nadjas Behandlung liegt nun schon viele Jahre zurück, und heute ist sie Studentin auf einer Schauspielschule. Auch da hat sie viel mit Lampenfieber zu kämpfen, benötigt manchmal auch über ein paar Wochen ein anxiolytisches Medikament (Buspiron), hat inzwischen mehrere meditative Techniken gelernt und kann sich mit Humor selbstkritisch beurteilen, wenn sie wohl wieder einmal „aus einer Mücke einen Elefanten" gemacht hat.

Phobien

„Furchtkrankheiten" wäre das ungewohnte deutsche Wort für diese Angststörungen, die sich dadurch auszeichnen, dass der Betroffene genau weiß, wovor er Angst hat und dass er das Angsterlebnis vollständig vermeiden kann, indem er das Objekt seiner Furcht meidet. Das gelingt, wie wir gesehen haben, bei den bisher besprochenen Angststörungen durchaus nicht. Alle Menschen und alle Tiere besitzen angeborenerweise die Fähigkeit, phobisch zu reagieren. Die Phobien gehören zur Alarmgrundausstattung einer Art, Hunde haben andere als Affen, Schafe andere als Vögel. Auf welche Objekte und Situationen sie ausgerichtet sind, das lässt also Rückschlüsse zu über den Lebensraum einer Art mit seinen spezifischen Gefahren. Von daher ist es nicht erstaunlich zu erfahren, dass die Phobien (bis auf einige wenige) nicht familiär gehäuft vorkommen, dass sie also nicht spezifisch vererbt werden. Sie werden aber innerhalb einer Familie vor allem von Kindern gerne „abgeguckt".

Der Grundbestandteil der Phobien ist in allen menschlichen Kulturen gleich. (Sie haben aber eine kulturspezifische Tendenz zu überdauern oder zu verschwinden.) Zur menschlichen Grundausstattung gehören:

- die Furcht vor lauten Geräuschen in den ersten Lebenswochen und die Furcht vor einem unbekannten Objekt, die beim Menschen im Alter von 6–8 Monaten ihren Höhepunkt hat („Fremdenangst" oder „8-Monats-Angst"),
- die Angst besonders der kleinen Kinder im Alter von 2 – 4 Jahren vor Tieren (Spinnen, Schlangen, Hunden, Insekten, Mäusen),
- die Furcht vor Dunkelheit und den Gestalten der Finsternis sowie die Furcht vor den Naturgewalten, die beim Menschen am stärksten zwischen dem 4. und 6. Lebensjahr ausgeprägt sind, die Furcht vor Tod und Krieg, für die Jugendliche hoch sensibel sind und die
- Situationsphobien des jungen Erwachsenen: Höhenangst, Brückenangst, Angst vorm Fliegen, Angst, eingeschlossen zu sein („Klaustrophobie"), Angst vor dem Auftreten in einer ungewohnten öffentlichen Umgebung („Agoraphobie"). Letztere

verursacht bei Erwachsenen sicherlich das größte Ausmaß an Leiden und Lebenseinschränkung. Oft ist sie mit Panikattacken und Depressionen verbunden.

Interessanterweise gibt es bei einer Gruppe von Phobien tatsächlich eine familiäre Häufung, die nicht auf Imitation beruht. Dazu gehören die Verletzungsphobien: Spritzenangst, Angst vor Konfrontation mit Blut und Angst vor Eingriffen in den eigenen Körper. Warum das so ist, ist nicht einfach zu erklären. Vielleicht hängt es damit zusammen, dass solche Verletzungsphobien in einigen Fällen hypochondrische Ängste bei depressiver Veranlagung darstellen.

Etwa 3 % aller Kinder leiden unter ihrer Phobie, geraten in schreckliche Angstzustände, wenn sie mit dem Objekt konfrontiert werden, und bauen ein ausgeklügeltes Vermeidungsnetz auf, um ja auf Abstand zu bleiben. Auch hier sind Mädchen häufiger betroffen als Jungen.

Mir ist noch gut die Ratlosigkeit in Erinnerung, in der ich mich befand, als ich mit der elfjährigen Sabrina versuchte herauszufinden, warum sie kurz nach Überwechseln von der Grundschule aufs Gymnasium wieder die Schule wechseln wollte. Die Eltern waren verzweifelt, weil Sabrina seit einem gewissen Freitag nicht mehr in die neue Schule gehen wollte und immer wieder in Weinen ausbrach, wenn die Eltern sie zum Schulbesuch zwingen wollten. Bis zum Termin bei mir waren bereits zwei Wochen vergangen. In dieser Zeit hatte Sabrina kaum etwas gegessen, und den Eltern war es nicht gelungen, irgendeinen Grund für ihre Verzweiflung herauszubekommen. Auch ich hatte große Mühe, irgendwo einen roten Faden zu erkennen. Schließlich machten wir eine „Traumreise auf dem fliegenden Teppich", eine Explorationsmethode, die es ermöglicht, sich mit dem Kind in alle möglichen Situationen und an alle Orte der Welt zu begeben, die eventuell gefährlich sein könnten. So entdeckten wir den Gefahrenort „Schullandheim". Und sie erzählte mir, dass sie an dem bewussten Freitag von der Klassenlehrerin erfahren habe, in den anstehenden Herbstferien werde die Klasse zum gegenseitigen Kennenlernen ins Schullandheim fahren. Damit be-

kam ich Einblick in eine etwas sonderbare Welt eingespielter Rituale, die sich in ihrer Familie immer abspielten, wenn sie gemeinsam in die Ferien fuhren. Es gab nämlich in der Familie das Arrangement, dass die Mutter stets einen Tag früher als die anderen an den Ferienort fahren musste, um zu schauen, ob dort auch alles in Ordnung sei. Es war Sabrina nun sehr unangenehm, mir sagen zu müssen, worauf die Mutter denn dort zu achten habe. Nun, ebenso peinlich war es ihr wohl gewesen, den Eltern zu gestehen, dass auch ihre Angst, in die neue Schule zu gehen, etwas mit „dieser alten Geschichte" zu tun hatte, denn sie hatte den Eltern gerade anlässlich ihrer letzten Sommerferien hoch und heilig versprochen, mit dem „Theater" sei jetzt endlich Schluss. Mutig überwandt sie ihre Scham und erzählte mir, die Mutter sauge immer die ganze Ferienwohnung noch einmal durch, schlage die Betten aus, wische unter den Betten und klopfe die Vorhänge aus – damit auf keinen Fall sich dort eine Spinne verberge! Es war also eine Spinnenphobie, die seit Jahren die Ferienplanung der Familie mitorganisiert hatte, und die Aufnahme auf dem Gymnasium hatte sich natürlich nicht als Therapiemethode der Wahl erwiesen … Es gelang ihr dann ziemlich rasch, in zehn Sitzungen, durch eine Desensibilisierungstherapie diese Spinnenphobie zu beherrschen. Dass der Behandlungserfolg angehalten hatte, erfuhr ich durch eine Postkarte von ihr aus dem Schullandheim, auf der eine riesige schwarze Kreuzspinne abgebildet war.

Etwa ab dem achten Lebensjahr unterscheiden Kinder auch sprachlich zwischen einer Phobie und einer sonstigen Angststörung, indem sie ihr phobisches Verhalten als irrational bezeichnen („Ich weiß, dass das verrückt ist, aber ich kann nichts dagegen tun!"), während sie sich von anderen Ängsten nicht distanzieren können. Diese Unterscheidung kann von großer praktischer Bedeutung werden, wenn man zum Beispiel bei einer Hundeangst zwischen einer Phobie und einer Angststörung nach einem Trauma, also nach einem Katastrophenerlebnis, unterscheiden muss. Die Behandlung einer „Posttraumatischen Stress-Störung" hat nämlich gänzlich anders zu erfolgen, als die einer Phobie.

Phobische Kinder schämen sich oft ihrer „verrückten Angst" und verstecken ihre Angstgefühle. Sabrinas Fall ist eher typisch für den Umgang mit einer Phobie. Wenn es einem Phobiker gelingt, jahrelang nicht mit dem angstauslösenden Objekt in Kontakt zu kommen, kann es sein, dass er seine Phobie ganz „vergessen" hat. Ihm selbst und der Umwelt fällt vielleicht nur noch auf, dass es da einige Dinge gibt, die er nicht so gerne hat und um die er eher einen Bogen machen möchte.

Ein eher kurioses Beispiel zum Abschluss: Ein Gymnasiast wurde mir von seinem psychologisch gebildeten Lehrer vermittelt mit der Verdachtsdiagnose einer „Englisch-Teilleistungsschwäche". Nun, davon hatte ich noch nie etwas gehört. Aber die Wissenschaft schreitet ja immer weiter fort ... Es handelte sich um einen in allen Fächern sehr guten Schüler, der nur im Englischen völlig versagte. Er selber meinte, er könne sich einfach keine englischen Vokabeln merken, obwohl er sich wirklich anstrenge. Aber bei Klassenarbeiten sei in seinem Kopf dann alles wie weggeblasen. Auch hier löste sich der Fall eher durch eine zufällig gefundene Verbindung. Er hatte nämlich die feste Vorstellung, er müsse in der elften Klasse ein Schüleraustauschjahr in den USA machen. Jedenfalls entsprach das den selbstverständlichen Erwartungen seiner Eltern. Nun, wie kommt man in die USA? Mit dem Flugzeug natürlich ...! Er wusste übrigens um seine Flugangst, auch wenn er nie geflogen war. Aber in seinem schlauen Kopf hatte er bestimmte Zusammenhänge eben doch nicht herstellen können ...

Scham und Schüchternheit

Auf den ersten Blick scheint der Zusammenhang zwischen Scham/Schüchternheit und Angst ganz selbstverständlich, ja, geradezu banal zu sein. Wer Angst vor den Blicken der anderen hat, der schämt sich halt oder ist schüchtern. Doch was uns so selbstverständlich erscheint, ist in Wirklichkeit das zentrale Problem zweier Gruppen von Kindern, mit denen ich es im Laufe der Jahre immer häufiger zu tun bekommen habe. Bei ihnen fehlt scheinbar die Angst. Oder anders ausgedrückt: es ist sehr schwierig und aufwendig, in ihrem Verhalten noch die Spuren der Ängstlichkeit zu erkennen.

Die eine Gruppe ist die der von frühester Kindheit an Schüchternen, die sich vor allem und jedem schämen, auch, wenn sie gelobt wurden, und die allem Neuen und Fremden aus dem Wege zu gehen versuchen.

Die andere Gruppe scheint „schamlos" zu sein. Das heißt, das sind Kinder, die sich immer auf Kosten anderer amüsieren, von sich und ihren besonderen Fähigkeiten sehr überzeugt scheinen und „cool" wirken, wie man das sonst nur von Jugendlichen kennt.

Mein Beruf bringt es nun mit sich, dass ich Kinder meist noch von einer zweiten Seite kennenlernen kann, nämlich der, die die Öffentlichkeit nicht so leicht zu sehen kriegt. Und da passiert im Umgang mit diesen Kindern regelmäßig etwas Sonderbares. Die Schüchternen tauen plötzlich auf, wenn ich mich alleine mit ihnen unterhalte, mit ihnen spiele oder male. Und während ich ihnen gegenüber vorher ein Gefühl von Sympathie gespürt habe, das stark von Mitleid herrührt, entpuppen sie sich als ganz normale Kinder, an denen ich dieses mag und jenes nicht mag, wie es einem halt mit allen Menschen geht, die man näher kennen lernt.

Ganz anders bei den „Schamlosen". Das Anfangsgefühl ist nicht gerade von Sympathie getragen. Ich finde sie in ihrer Starpose überheblich, sehe auch, dass sie von ihren Eltern oft mit teuren Klamotten nach der letzten Mode ausstaffiert werden und – meist sind es Jungen, aber nicht nur – ein Machogehabe an sich haben, als seien sie nicht sechs Jahre vor, sondern sechs Jahre nach dem Stimmbruch. Im Einzelkontakt ändert sich dann plötzlich das Bild. Während die anderen auftauen, scheinen sie regelrecht einzufrieren. Sie wirken auf einmal viel jünger, als es ihrem Alter entspricht, sie wirken unbeholfen, meiden den Blickkontakt und fühlen sich erst einmal ganz offensichtlich unwohl. Es kostet mich viel Anstrengung, um mit ihnen zu reden, zu spielen oder zu malen. Die ganze Situation scheint ihnen höchst peinlich zu sein. Auf einmal empfinde ich Mitleid mit ihnen. Aber das ist eine andere Art von Mitleid, denn es geht nicht einher mit Sympathie, eher mit Abschätzigkeit und einem leisen Triumphgefühl, so als genösse ich ihre hilflose Lage.

Es gehört zu den Privilegien eines Kinderpsychotherapeuten,

dass er zu den Gefühlen, die ein Kind in ihm hervorruft, stehen darf (und muss!), auch wenn „sie sich nicht gehören". Aber er muss diese Gefühle dann auch analysieren. Das heißt prüfen, wie sie entstanden sind, was sie mit dem Kind, was mit der augenblicklichen Situation („Szene") und was mit der eigenen Person als Kinderpsychotherapeuten zu tun haben. Diese Methode bietet eine unschätzbare Gelegenheit zu erkennen, in welcher subjektiven Welt dieses Kind eigentlich lebt, das heißt, welche Gefühle es bei seinem Gegenüber hervorruft, was es zu verbergen sucht und wessen es sich wirklich sicher ist. Auch wenn die Methode nicht ganz einfach ist und es viel Training und Außenkontrolle (Supervision) braucht, sie zu beherrschen, so liefert sie doch ein viel zuverlässigeres Bild von einem Kind als jede reine Verhaltensbeobachtung und jedes psychologische Testverfahren. Es scheint mir sehr wichtig, auf diese Methode ausgerechnet bei diesen zwei Gruppen von Kindern, den Schüchternen und den „Schamlosen", zu sprechen zu kommen. Denn sie bietet die einzige Chance, diesen Kindern das (nicht verletzende!) Gefühl zu geben, wirklich verstanden zu werden. (Vielleicht ist das für sie später noch einmal möglich, in einer intimen Liebesbeziehung, aber bis sie die Chance dazu bekommen, dauert es noch viele Jahre, zu viele Jahre.) Auf jeden Fall ist es unendlich viel schwieriger, bei solchen Kindern bis auf ihren Kern zu blicken, wenn man als Mutter oder Vater aus einseitigem Blickwinkel oder als Erzieher(in) aus pädagogischer Distanz mit ihnen im Alltag zu tun hat. Das gilt übrigens auch für Kinderpsychotherapeuten im Umgang mit ihren eigenen Kindern.

Doch bevor wir versuchen zu verstehen, was es mit dem Schamgefühl bei diesen Kindern, und überhaupt bei Kindern, auf sich hat, möchte ich Ihnen eine Geschichte erzählen, die ich nicht selbst miterlebt, die ich vielmehr von einer Kindergärtnerin erfahren habe, die mich zusammen mit ihren Kolleginnen aufgesucht hatte, weil sie in der Gruppe der Vorschulkinder ein „Bandenproblem" hätten.

Es ging um eine Gruppe von fünf Jungen und um Jens. Alle Jungen waren ungefähr gleich alt, die einen noch fünf, die anderen schon sechs Jahre alt. Die Fünfergruppe war laut, zerstörte viel

Spielzeug und beanspruchte die Nerven der Kindergärtnerinnen gewaltig. Aber sie hielt immer zusammen und schloss die anderen aus. Elternabende hatten nichts gefruchtet, weil die Eltern der Übeltäter erst gar nicht erschienen waren. Ganz anders Jens, der kleine „Professor" mit der starken Brille. Jens war sechs, und Jens konnte schon lesen, gut lesen, ja sogar vorlesen. Vor allem konnte Jens Dialekte nachmachen. Am besten hatte er die seiner Eltern drauf. Die Mutter stammte aus Sachsen, der Vater aus Bayern. Jens war also sozusagen zweisprachig aufgewachsen. Jens war sportlich und kräftig, er hatte aber ein Handikap: er war sehr, sehr kurzsichtig. Und wenn er seine Brille mal absetzte, dann „dabbte er wie d'r Däb im Näbel". Er hatte Humor, aber die meiste Zeit merkte man nichts davon, er hielt sich lieber zurück von der Gruppe und beobachtete mehr als mitzumachen.

An einem Montagmorgen, als die Fünferbande mal wieder in Hochform war, kam die Leiterin des Kindergartens auf eine Idee, für die sie sich im Nachhinein vor ihren Kolleginnen „furchtbar schämte" und für die sie sich „hätte ohrfeigen können". Um etwas Ruhe einkehren zu lassen, ließ sie die Kinder einen Stuhlkreis machen und verlangte Ruhe von ihnen. Dann bat sie Jens, aus seinem Beutel sein Geschichtenbuch zu holen (das hatte er immer bei sich, und er las auch im Kindergarten viel darin), sich die Brille zu putzen und eine Geschichte vorzulesen. Dabei wurde Jens knallrot im Gesicht. Ins Ohr flüsterte sie ihm, er dürfte durchaus manchmal etwas bayerisch oder sächsisch aussprechen – was er denn auch zu Genüge tat. Die Stimmung war gut, die Kinder lachten, die Fünferbande gab Ruhe.

Nach zwanzig Minuten war dann Tobepause auf dem Spielplatz vor dem Kindergarten. Erleichtert zog sich die Kindergärtnerin in ihr Büro zurück, um einen Kaffee zu trinken. Auf diesen Augenblick hatte die Jungen der Fünferbande nur gewartet. Sie stürzten sich gemeinsam auf den nichts ahnenden Jens, zogen ihm die Brille vom Kopf und rissen ihm den Beutel mit seinem Geschichtenbuch weg. Ehe Jens ihnen noch „im Näbel" nacheilen konnte, hatten sie seinen Beutel bereits hoch auf dem Klettergerüst festgebunden und warteten nun genüsslich auf sein Erscheinen. Das Gejohle war groß, und so war es für Jens nicht schwer zu verstehen, wo er suchen musste. Er kletterte auf das

*Eisengestell, stieß sich dabei einige Male gehörig den Kopf an
und kam schließlich wohlbehalten mit dem Beutel, darin Buch
und Brille, wieder unten an. Wütend stülpte er den Beutel um,
nahm die Brille heraus, warf sie zu Boden und zertrampelte sie.
Sein Geschichtenbuch zerriss er anschließend in tausend kleine
Fetzen. Dann rannte er, ohne die Kindergärtnerin, die durch das
Gejohle herbeigerufen worden war, zu beachten, ins Haus und
verbarrikadierte sich im Klo.*

In dieser Szene geht es gleich mehrere Male um das Thema
„Scham". Typisch ist die Verquickung mit Wut, Häme und
(Selbst-) Zerstörung. Typisch ist auch, dass man erst einmal gar
nicht viel vom Thema „Angst" zu sehen bekommt.

Was hat es nun mit dem uns allen bekannten Gefühl der
Scham auf sich? Wie entsteht es, und wie schaffen wir es, damit
fertig zu werden?

Scham ist ein Gefühl, das jeder Mensch kennt und fürchtet,
Jungen übrigens mehr als Mädchen, Erwachsene mehr als Kinder
und ganz besonders Jugendliche. Im Jugendalter sind Mädchen
dann häufiger davon betroffen als Jungen. Säuglinge können
Scham bereits im Alter von vier Monaten zeigen und zwar in
Situationen, die auch im späteren Leben als typisch für Beschämung gelten. Sie zeigen bekanntlich bereits mit vierzehn Tagen
ein freudiges Lächeln, wenn sie ein Gesicht erkennen, gleich ob es
das der Mutter, ein fremdes oder eine aufgemalte Attrappe mit
Punkten und Strichen ist. Vom vierten Monat an aber können sie
erstmals zwischen dem vertrauten Gesicht der Mutter und einem
fremden Gesicht unterscheiden. Kommt man als Fremder ihren
Augen so nahe, dass sie einen gut erkennen können (und dazu
muss man schon auf zwanzig Zentimeter herankommen), so
glucksen sie vor Freude. Erkennen sie dann aber, dass es sich nicht
um das erwartete Gesicht der Mutter handelt, so geht ihre freudige Erregung plötzlich zurück und sie schämen sich. Sie wenden
den Blick ab, blicken kurz zurück und drehen den Kopf dann wieder weg, senken die Augenlider, erröten und lassen den Oberkör-
per schlaff in sich zusammenfallen. Von älteren Kindern und Erwachsenen wissen wir, was sich dabei noch alles in ihnen
abspielt. Das Denken verschwimmt, Bewegungen geraten nur

noch unbeholfen und erscheinen linkisch. Die Stimme wird leiser, im Halse scheint ein Kloß zu stecken, die Sprache versagt, manche geraten ins Stottern. Sie möchten im Boden versinken und können sich doch nicht von der Stelle rühren. Ältere Kinder ziehen die Beine an, rollen sich sozusagen zusammen, und vergraben den Kopf zwischen den Beinen. Die Zeit scheint unbarmherzig stille zu stehen und sie fühlen alle Blicke, den eigenen und die der anderen, auf sich gerichtet. Hilflos fühlen sie sich dem Spott, der Verachtung und der Geringschätzung der übermächtigen anderen ausgeliefert. Die Mimik erstarrt zur Maske, nur noch Grimassieren ist möglich. Das Lächeln entgleist („falsches Lächeln" oder Verlegenheitslächeln). Plötzlich haben alle Worte, die auf sie niedergehen, etwas Höhnisches. Die Bemerkungen treffen im innersten Mark. Alles ist bloßgelegt und wund. Als Beschämter fühlt man sich ohne Würde und Wert, sich selbst entfremdet (Psychosegefahr), zudem lächerlich klein, dumm und hässlich (Suizidgefahr). Nach einiger Zeit dieser quälenden Pein kommt Trauer und Verzweiflung, aber auch Wut und Hass in einem auf. Durch Scham ausgelöste Wut ist zugleich hilflos und gnadenlos. Das Schamgefühl ist derart unangenehm, dass man es von nun an fürchtet wie einen einmal erlebten elektrischen Schlag. Schamangst ist also gelernte Angst, nicht angeborene Angst.

Um nun unsere Kindergartenjungen zu verstehen, müssen wir noch etwas wissen über die „Sozialisation der Schamangst", d. h. über die Wege, die ein beschämtes Kind einzuschlagen lernt (und da spielen kulturelle Prägung und familiäre Erziehung eine entscheidende Rolle), um alles zu tun, damit die Scham nicht wieder zuschlägt.

Wer immer wieder unausweichlich Scham ausgesetzt wird, gerät in eine schwere Depression. Die erschütterndsten Berichte über diese Langzeitwirkung haben wir von sexuell missbrauchten Kindern und von Folteropfern.

Wer gelernt hat, unter welchen Bedingungen Scham am ehesten auftreten kann – und das sind alle Situationen, in denen ein Mensch ungeschützt seine gefühlsmäßige Erregung andere sehen lässt oder sehen lassen muss –, der wird Erregung und Öffentlichkeit meiden, wo er nur kann. So entwickelt sich Schüchternheit, die erworbene Form, denn es gibt auch eine angeborene. Davon später mehr. Jens war solch ein schüchterner Junge. Er schämte sich natürlich vor allem seiner Kurzsichtigkeit, und die Brille machte es ihm auch nicht gerade leichter.

Nun gibt es aber noch einen ganz anderen Weg, mit der Schamangst auf Dauer umzugehen, und diesen Weg hatten offensichtlich die Jungen der Fünferbande eingeschlagen. Dieser Weg führt über die Verleugnung und Unterdrückung der Schamangst hin zum Angriff auf den Beschämenden. Dieser Weg gehört immer noch zur typischen Sozialisation der Jungen in unserer Kultur. Er ist auch typisch für die Entwicklung von so genannten „narzisstischen Persönlichkeiten", also Menschen, für die das eigene Ich der Nabel der Welt ist. Jungen fühlen sich – jedenfalls in unserer Kultur – deutlich häufiger als Mädchen von Schamängsten bedroht. Außerdem sind die Erwartungen ihrer Mütter und ihrer Väter, wie sie denn mit diesem Gefühl fertig werden sollen, sehr widersprüchlich. Während die Mütter ihre Söhne ermutigen, die Scham zu zeigen mit dem Zusatz, sie sollten doch alles nicht so schlimm nehmen, verlangen die Väter von ihnen, die Scham (wie auch die Angst) als ein „unmännliches" Gefühl zu unterdrücken.

In diesem Zusammenhang ist eine Beobachtung sehr interessant, dass nämlich Jungen, die überwiegend von Frauen sozialisiert werden, besonders heftig reagieren, wenn ihnen in der Öffentlichkeit Beschämung zugemutet wird. Die Rolle der Väter scheint also nicht nur für die Schamunterdrückung wichtig zu sein. Die Väter entschädigen ihre Jungen auch für diese Unterdrückung, indem sie ihnen sagen: „Schau, mach das so wie ich! Dann klappt das schon. Und dann bist du auch so männlich wie ich!" Der Zusammenhang zwischen (physischer oder psychischer) Abwesenheit des Vaters und großer Schamangst bei Jungen bestätigt sich übrigens, wenn man sich die typische Vorgeschichte gewalttätiger, dissozialer männlicher Jungendlicher anschaut.

Auch bei Mädchen kann man beobachten, dass sie weniger mit Schamproblemen zu tun haben, wenn sie weniger direkter Kontrolle durch die Mutter ausgesetzt sind und durch Orientierung an Dritten Spielraum für Autonomie erhalten.

Scham tritt also auf

- wenn unsere Erregung plötzlich zusammenbricht, nachdem sie einen bestimmten Richtwert überschritten hat. Die Kultur, die Familie oder die Gruppe legen diesen Richtwert fest und bestimmen, was noch „schicklich" ist und wann wir zu weit zu gehen drohen. Daher kann man auch jemanden mit Lob oder Komplimenten beschämen, wenn man damit etwas trifft, was seinen geheimen Wünschen entspricht, ihn darin aber vor den anderen hervorhebt;
- wenn wir merken, dass unser Verhalten die Normen und Ideale unserer Gruppe (Familie, Clique, Nation, soziale Schicht, Geschlecht usw.) verletzt hat und wir mit Entzug von Achtung („Ächtung", „Ver-Achtung") rechnen müssen;
- wenn wir plötzlich gezwungen werden, uns ungeschminkt im Spiegel zu sehen, ohne dass wir uns länger etwas vormachen können. Nicht, dass wir uns negativer sehen, als wir uns gewöhnt haben, macht das Beschämende aus, sondern dass wir das Gesehene für wahr halten müssen und uns keine Leugnung mehr gelingt, das macht die Beschämung aus – aufgrund der gnadenlosen Kraft, die wir dem Spiegel zuschreiben.

Die Schöpfungsgeschichte des Alten Testaments berichtet bereits (1. Mose 3) vom Zusammenhang zwischen Erkenntnis, Scham und Verbergenmüssen. Der Preis für die Erkenntnis („wissen, was gut und böse ist") ist die Scham („und sie wurden gewahr, dass sie nackt waren"), und aus ihr folgt die Notwendigkeit, das Bloßgestellte zu verbergen („und flochten Feigenblätter zusammen und machten sich Schürze").

Kulturen und Familien haben sehr verschieden strenge Regeln, die festlegen, was der Beschämte denn tun soll, um sein Schamgefühl wieder loszuwerden. Überall da, wo wenig Autonomie erwünscht ist, lassen diese Regeln nur die Wahl zwischen Zerstörung und Selbstauslöschung. Schamkulturen sind aggressive Kulturen.

In der mittelalterlichen japanischen Ritterkultur der Samurai sind die Regeln in ihrer Unerbittlichkeit klar. Der beschämte Ritter muss entweder den Beschämenden vernichten oder sich in sein eigenes Schwert stürzen. Nero, römischer Kaiser im 1. Jahrhundert nach Christi Geburt, und Adolf Hitler, beide zutiefst gewissenlose Gestalten der Geschichte, beide mit unaufgelöster übermäßig kontrollierender Mutterbindung, beide daher permanent mit Schamproblemen beschäftigt, waren unerbittlich in ihrer Grausamkeit und zugleich suizidal.

Für die Erziehung innerhalb der Familie hat der Psychoanalytiker E. H. Erikson das so formuliert: „Aus dem Verlust der Selbstkontrolle und dem übermäßigen Eingreifen der Eltern entsteht ein dauerndes Gefühl von Zweifel und Scham." Dabei ist es gleichgültig, ob die Autonomieeinschränkung begrenzt ist auf eine bestimmte Phase der Kindheitsentwicklung (die „anale Phase" nach Sigmund Freud, das zweite und dritte Lebensjahr, die Zeit also, in der ein Kind die Kontrolle des Schließmuskels erlernen und damit sauber werden soll) oder zu irgendeinem späteren Entwicklungszeitpunkt im Jugend- oder Erwachsenenalter stattfindet. Unterdrückung von Selbständigkeit geht immer mit Erhöhung von Schamangst einher und führt zu Grausamkeit gegen sich und andere. Alle Diktaturen erniedrigen erst einmal die Schamschwellen und verpönen sexuelle Lust und die Äußerung intimer Gefühle.

Die Drohung „Was sollen denn die anderen davon halten, wenn sie dich so sehen?!" gehört zum festen Bestandteil einer Pädagogik, die mit Beschämung Anpassung zu erzwingen sucht. Eltern, die sich dieser Methode bedienen – und das tun sie meist, wenn sie nur diese aus ihrer eigenen Kindheit kennen –, fördern damit bestimmte Lernprozesse bei ihrem Kind:

- Ihr Kind lernt, sich genau nach dem zu orientieren, was es innerhalb und was es außerhalb der Familie zeigen darf und was auf keinen Fall nach außen dringen darf.
- Ihr Kind lernt, dass der Blick, der von außen kommt, immer verächtlich und abschätzig ist, dass dieser Blick das Kind sofort der Lächerlichkeit preisgeben wird.
- Ihr Kind lernt, dass es „die da draußen" (die Fremden) hassen muss, denn von ihnen geht ja die Schamangst aus.
- Ihr Kind lernt, dass es nur den Schutz der Gruppe behalten wird, wenn es auf Autonomie, auf Selbständigkeit, verzichtet.
- Ihr Kind lernt, dass es ihm sehr schlecht gehen wird, es sich selbst nicht mehr mögen wird, eventuell gar sich umbringen muss, wenn es die Familie und ihre Normen verlässt.

Aus alledem wird deutlich, dass Schamgefühle sich in einem ganz zentralen Punkt von **Schuldgefühlen** unterscheiden. Schuld kann nur jemand empfinden, der die Norm, der er nicht gerecht geworden ist, mit einer geliebten, geachteten Person (oder Idee, aber die ist auch mit Personen verbunden) in Verbindung bringt. Ohne Liebe gibt es kein Schuldgefühl, also kein Gewissen. Kinder, die sich nie geliebt und um ihrer selbst willen geachtet gefühlt haben, können kein Schuldgefühl entwickeln, sind also letztlich amoralisch.

Schamgefühle und Schuldgefühle sind beide höchst unangenehme Kontrollgefühle, und es ist oft nicht leicht, sie auseinanderzuhalten. Und jeder, der erzieherisch mit Kindern zu tun hat, täuscht sich oft selbst, wenn er einem Kind „ins Gewissen redet", über diesen Unterschied hinweg. Er glaubt, er hat etwas zur Verbesserung der Moral des Kindes getan, dabei hat er es nur zur Anpassung gezwungen – was freilich auch manchmal nötig ist. Ob ein Kind seine Eltern, seine Erzieher oder Lehrer liebt oder nur fürchtet, das entscheidet das Kind ganz alleine in seinem Inneren.

Doch zurück zu Jens und der Fünferbande. Es heißt, die Jungen seien alle so um die fünf oder sechs Jahre alt gewesen. In diesem Alter sind Jungen nun mal normalerweise laut und wild, jedenfalls im Vergleich zu den Mädchen. Es gibt Kindergärtnerinnen, die können diesem ungestümen Wesen der Jungen nichts abgewinnen, sie fühlen sich schlicht „genervt", und das lassen sie denn auch die Jungen deutlich spüren, indem sie sie beschämen. So ist es auch in diesem unserem Kindergarten gewesen. Und schon lange vorher hatten sich die fünf beschämten Jungen zu einer Gruppe zusammengetan, das heißt, sie hatten eine Gemeinschaft gegründet, in der man sich nicht seiner Wildheit schämen musste, ganz im Gegenteil, sondern damit sogar Punkte machen konnte. (Viele Gruppen, Vereine und Gemeinschaften sind solche Schutzverbände gegen Beschämung von außen!) Jens' Vorgeschichte ist ganz anders verlaufen. Ob er bereits ein schüchternes Kleinkind gewesen ist, wissen wir nicht, wohl aber, dass seine Schamangst sich aktuell auf ein Handikap bezog, das mit Verordnung der Brille viele Jahre zuvor auch für andere sichtbar geworden war. (Da sich Kinder dieser Altersstufe meist gar nicht ihrer Brille schämen, dürfte die Brille eher das gewesen sein, worauf die Umwelt Jens' Schüchternheit zurückführte.) Die stärkste Schamreaktion aber erlebte Jens, als er von der Kindergärtnerin aus der Kindergruppe hervorgehoben wurde und vorlesen durfte – was er ja zu gerne tat und auch viel, viel besser konnte als alle anderen. Bei diesen oder ähnlichen verbotenen Gedanken musste die Kindergärtnerin Jens offenbar erwischt haben, denn er wurde knallrot im Gesicht. (Wenn doch Erwachsene öfters daran denken würden, wie peinlich Kindern ein wohlgemeintes Lob vor der Gruppe sein kann …!) Interessant ist übrigens die Bemerkung der Kindergärtnerin, sie habe sich vor ihren Kolleginnen geschämt, indem sie Jens ihre Sympathie so offen gezeigt habe. Sie hat also auch gemerkt, dass sie eine Gruppennorm verletzt hat – die besondere Zuneigung zu einem Kind zu zeigen oder zu genießen!

Zwanzig Minuten Stillsitzen halten nun die fünf Jungen noch aus, aber dann ist die Wut, die aus der tiefsitzenden Beschämung resultiert, nicht mehr zu bremsen. Aber – und das ist typisch für Aggression, die auf Beschämung zurückgeht – es legt sich keiner von ihnen einzeln mit Jens an. Nein, sie warten, bis sie nicht mehr beaufsichtigt werden, und stürzen sich in ihrer schieren Übermacht auf ihr Opfer und machen es wehrlos. „Feigheit" und „Gemeinheit" nennen das Kinder, die mit Selbstvertrauen und Zivilcourage aufgewachsen sind. Aber auch diese Kinder sind bereit, in das große Gejohle mit einzustimmen – das wäre bei Erwachsenen nicht viel anders. Beschämte Kinder sind nicht nur verletzt, sie wissen auch gut, wo andere ihre schwachen Stellen haben. (Es ist durchaus berechtigt, bei Kindern, die ständig andere necken, hänseln, hochnehmen oder „pieksen", davon auszugehen, dass sie diese „kontraphobische" Haltung in Umkehrung ihrer hohen Angst vor eigener Beschämung angenommen haben.) Und so platzieren die Fünf Jens' Beutel genau so, dass seine Kurzsichtigkeit zum Gespött aller werden muss. Die letzte Szene gestaltet Jens ganz alleine. Er zerstört Brille und Geschichtenbuch als Symbole seiner beschämenden Niederlage. (Eine analoge Reaktion kann man bei Kindern häufig beobachten. Die Kinderanalytikerin Anna Freud hat diese Haltung die „Identifikation mit dem Angreifer" genannt. Nach allem, was wir inzwischen über die soziale Funktion der Scham erfahren haben, kann man sie auch als biologisch vorgeformte zweite Stufe der Schamreaktion bezeichnen: Zerstöre den, der dich beschämt hat, oder dich selbst! Kultur und Erziehung führen diese zweite Stufe nicht herbei, sie können sie allenfalls bremsen, aber auch fördern.)

Sie werden sich vielleicht gefragt haben, warum das Kapitel über Scham und Schüchternheit eine solch zentrale Stellung in einem Buch bekommt, dessen Titel lautet „Kinder stark machen gegen die Angst". Nun, die Antwort liegt jetzt auf der Hand: Da die Scham ein so unangenehmes, zentrales und bereits im frühen Säuglingsalter auslösbares Gefühl im Leben eines jeden Kindes (und Erwachsenen) ist, prägt der Umgang mit der Angst vor der Scham die gesamte Entwicklung eines Menschen. Kultur und Erziehung können Scham nicht beseitigen, und sie sind auch nicht dafür verantwortlich, dass es sie überhaupt gibt. Sie können lediglich Vorgaben machen, wie man mit seiner Schamangst so umgehen lernen kann, dass sie nicht zu Zerstörung und Selbstzerstörung führt. Vor Schamangst kann man ein Kind kaum schützen, aber man kann ihm Wege aufzeigen, wie es sie bewältigen kann.

In der Psychologie und Pädagogik des 20. Jahrhunderts hat das zunehmende „Verstehen" dessen, was sich in einem Kind abspielt, oft dazu geführt, dass man das „Bewältigen" vernachlässigt hat. Ja, es stimmt, dass Kinder und Erwachsene eine große Kraft daraus ziehen können, dass sie nicht länger ihren „unbewussten Trieben" und „neurotischen Konfliktlösungen" ausgeliefert sind. Psychisch starke Kinder und Erwachsene finden nach dem ersten Schritt der „Bewusstmachung" auch wirklich kreativ Wege, in Zukunft untaugliche Strategien durch gesündere zu ersetzen. Auf diesen Weg hat der Begründer der Psychoanalyse Sigmund Freud gesetzt, als er seine Methode der psychoanalytischen Behandlung als beispielhaft zur Aufhebung seelischen Leidens angesehen hat. Er selber ist übrigens viel skeptischer als viele seiner Nachfolger gewesen, was die Wirksamkeit seiner Methode angeht. Ob ein Mensch die Selbsterkenntnis für sich nutzen kann, hat er von seiner „Ichstärke" abhängig gemacht und darunter etwas biologisch Vorgegebenes verstanden, aber nicht weiter ausgeführt, was darunter zu verstehen sei. Forscher, die sich mit Vererbung, früher Kindesentwicklung und Lernvorgängen näher beschäftigt haben, haben inzwischen gefunden, dass „Ich-Stärke" etwas ist, was trotz aller Vorgaben durch die Vererbung sehr wohl durch Erfahrung, Training und kulturelle Förderung gefestigt und verbessert, aber auch gemindert und verschlechtert werden kann. Daher am Schluss noch einige Bemerkungen zum Thema „Bewältigung". Denn Kinder stark zu machen gegen die Angst bedeutet in der Mehrzahl der Fälle nicht nur Bewusstmachen und Schützen, sondern vielmehr Üben, Fordern, Beispielgeben und Konfrontieren.

Am eindrucksvollsten profitieren Kinder von dieser Methode, die man auch „Bewältigungstraining" nennen kann, die als **schüchterne Kinder** auf die Welt gekommen sind. Nach neuesten Untersuchungen des Temperamentforschers Jerome Kagan von der Harvard Universität in den USA ist jeder dritte schüchterne Erwachsene mit dieser Eigenschaft auf die Welt gekommen. Kagan hat bei seiner Untersuchung von Kindern in der Schwangerschaft und in den ersten Lebensjahren festgestellt, dass jedes fünfte Kind bereits in den letzten Monaten vor seiner Geburt hoch empfindsam auf alle Reize reagiert und dabei ständig eine erhöhte Herzschlagrate hat. Diese „sensiblen" Kinder reagieren als Babys heftig auf alles Neue und Fremde und behalten diese Eigenschaft jahrelang bei. Wenn man ihre Hirnaktivität (EEG) untersucht, dann kommt man der Erklärung dieses eigenartigen Phänomens schon näher. Denn ihre rechte Gehirnhälfte, die spezialisiert ist für die Speicherung und Verarbeitung von Gefühlen, die ganzheitlicher und weniger logisch und analytisch denkt als die linke, diese rechte Hemisphäre also ist ganz ungewöhnlich aktiv, sobald sensible Kinder mit Neuem und bislang Unbekanntem konfrontiert werden. Die Folge ist, dass diese Kinder vermehrt Stressreaktionen produzieren und dabei Angst empfinden. Als Säuglinge und Kleinkinder schreien sie mehr und finden schwerer in den Schlaf. Je älter sie werden, umso mehr wird deutlich, wie sie gelernt haben, diesen permanenten Stressreaktionen aus dem Wege zu gehen: indem sie eben möglichst allem aus dem Wege gehen, was ungewohnt und daher überraschend sein könnte. So entsteht „sozial unsicheres Verhalten" als Folge eines Vermeidens sozialer Situationen und als Ausdruck zu geringer Erfahrung im Umgang mit anderen Menschen. Und genau da setzt nun die Chance der Eltern ein, ihrem Kind zu helfen, eine angeborene Besonderheit nicht zum Entwicklungsrisiko werden zu lassen. Bei der Nachuntersuchung dieser schüchtern geborenen Kinder im Schulalter machte Kagan nämlich die Entdeckung, dass durchaus nicht alle Kinder dieser Gruppe schüchterne Schulkinder geworden waren. Er verglich daraufhin seine Aufzeichnungen über die immerhin 500 Kinder und ihre Familien und fand, dass Kinder, die ihre Schüchternheit weitgehend überwunden hatten, allesamt aus Familien stammten, die die hohe Stressempfindlichkeit ihres Kindes früh erkannt und sich nicht hatten davon abbringen lassen, regelrechte Trainingsprogramme zur Angstbewältigung mit ihren Kindern durchzuführen. Sie wussten um die Besonderheit ihres Kindes, hatten verstanden, dass übermäßiger Schutz alles nur noch schlimmer machen würde, und hatten sie auf diese Weise eben „stark gemacht gegen die Angst". Heute stehen auch in unserem Lande Methoden zum „Selbstsicherheitstraining" zur Verfügung, die hohe Erfolgsquoten vor allem bei Kindern aufweisen können. Die Bremer Psychologen Ulrike und Franz Petermann haben daran einen großen Anteil.

Ich hoffe, dass Ihnen nun nachvollziehbar geworden ist, warum die Themen Scham und Schüchternheit zentrale Themen dieses Buches sind. Nicht, weil es so viele schüchterne Kinder gibt (aber immerhin sind es doch 10 % aller Kinder), sondern überwiegend aus zwei Gründen: Erstens, weil es eine Gruppe unter ihnen gibt, die schon im Säuglingsalter durch ihre Besonderheit der erhöhten Stressreaktion auf alles Neue und Unbekannte identifizierbar ist und der man gezielt und erfolgreich helfen kann, damit sie nicht ein Leben in Angst und Scham führen müssen. Und zweitens, weil die Art und Weise, wie Eltern ihren Kindern beibringen, mit ihrer Schamangst fertig zu werden (indem sie sie nicht zu stark kontrollieren und ihnen Autonomie ermöglichen), ganz entscheidend dazu beiträgt, wie frei ein Kind in seinem Leben wird leben können. Und sie entscheiden mit darüber, wie viel Angst und Schrecken es über seine Mitmenschen verbreiten wird, nur weil es nicht gelernt hat, besser als kontraphobisch mit seiner Schamangst fertig zu werden.

Angst nach einer Katastrophe (PTSD)

Wenn wir bislang von Angst und Stress gesprochen haben, dann sind wir immer davon ausgegangen, dass ein Kind sie noch bewältigen kann. Das jetzige Kapitel handelt nun von Situationen, die so extrem ängstigend sind, dass sie die Verarbeitungsfähigkeit des kindlichen Gehirns überfordern und wie bei einer schweren Verbrennung (zum Teil lebenslange) Narben hinterlassen.

Es gehört zu unserer Alltagserfahrung, dass wir über die Medien von fürchterlichen Katastrophen erfahren. Und es gehört ebenso zu unserer Alltagserfahrung zu hören, nach einiger Zeit sei das Leben auch für die von der Katastrophe Betroffenen wie zuvor weitergegangen. Wenn wir aus Berichten von Menschen aus den jetzigen Kriegsgebieten oder von unseren Großeltern aus dem Zweiten Weltkrieg ein Bild davon bekommen, was sie alles erlebt und durchgemacht haben, dann liegt der Gedanke nahe, im Prinzip seien psychisch stabile Menschen unendlich belastbar. Und mag das Mitgefühl in der ersten Zeit nach einem Unglück oder einer Katastrophe auch noch so groß sein, irgendwann erwarten wir von dem Betroffenen, „damit fertig zu werden".

Dahinter steckt eine schwierige Frage, nämlich: Wie kann man wissen, was Menschen noch zumutbar ist und was nicht? Lange Zeit haben Forscher versucht, solche Katastrophen zu benennen, die praktisch in einhundert Prozent der Fälle zu Zeichen seelischer Überforderung führen müssen. Diese sollten dann an der Spitze einer Pyramide stehen und darunter die minder gefährlichen Katastrophen, auf die nur sechzig, zwanzig oder gar nur ein Prozent der Menschen mit psychischen Störungszeichen reagieren. Dieses Unternehmen ist gescheitert. Es musste scheitern, denn es beruhte auf zwei Denkfehlern, die auch wir tagtäglich machen. Erstens ist ein Trauma, also eine seelische Reaktion auf eine Katastrophe, nicht nur von dem abhängig, was objektiv passiert, sondern auch von dem, was über unsere Wahrnehmungsorgane unser Gehirn auch erreicht und was dann dort mit dem Wahrgenommen passiert. Und zweitens ist die seelische Auswirkung einer traumatischen Erfahrung nicht so einfach am Verhalten oder an den Gefühlsäußerungen eines Betroffenen abzulesen.

Menschen haben immer wieder in Bezug auf Traumata, vor allem wenn es sich um kindliche Traumata handelte, extrem verschiedene und emotional gefärbte Standpunkte vertreten. Die einen waren der Meinung, dass eigentlich fast alle seelischen Probleme auf frühkindliche Traumatisierungen zurückzuführen seien. Und dass schwere Entbehrungen und Schicksalsschläge der Kindheit nur ungenügend bewältigt oder gar kompensiert werden könnten. Die anderen wiederum hielten dagegen, das menschliche Gehirn arbeite mit seinen „elastischen" Fähigkeiten immer in die Richtung, Unerträgliches zu verdrängen, gar zu löschen, um sich Neuem zuzuwenden. Wer im Nachhinein sein seelisches Unglück mit früher Erlebtem in Verbindung bringe, der hege entweder nur Groll z. B. gegen seine Eltern oder wolle nicht die Verantwortung für sein jetziges Handeln übernehmen. Die Frage war letztlich nicht entscheidbar. Und dieser Umstand führte zu der Überzeugung, der die meisten von uns wahrscheinlich anhängen, dass nämlich alle Katastrophen „relativ" in ihren Auswirkungen seien, und man halt weder dramatisieren noch unterbewerten solle, wenn jemand etwas Schreckliches erlebt habe.

Nun, ganz so „relativ" ist die Bewertung von Katastrophen und Traumata spätestens seit der Zeit nicht mehr, seit wir über medizinische und psychologische Methoden verfügen, mit denen wir typische Traumareaktionen wirklich messen können, und seit wir Ergebnisse aus Langzeituntersuchungen einer großen Anzahl von Betroffenen kennen, die alle zum selben Zeitpunkt derselben Katastrophe ausgesetzt gewesen sind. Und so kennen wir heute, gut einhundert Jahre, nachdem Sigmund Freud mit seiner Theorie zur Entstehung der Hysterie (1896) die Erforschung des Traumas angestoßen hatte, ein eigenes psychisches Störungsbild, das seinen Ursprung in einer objektiv nachweisbaren Katastrophe nimmt und das eine Eigengesetzmäßigkeit aufweist, nach der wir es von anderen Angststörungen klar unterscheiden können.

(Interessant ist übrigens zu studieren, was letztlich dazu geführt hat, dass die wissenschaftliche Öffentlichkeit bereit gewesen ist, die Existenz von traumatischen seelischen Störungen anzuerkennen. Als nach dem Ersten Weltkrieg viele Soldaten mit unklaren seelischen und körperlichen Beschwerden („Kriegs-zitterer") Rentenansprüche als „Kriegsneurotiker" stellten, da mochte man den Zusammenhang zu Kriegserlebnissen noch nicht offiziell anerkennen, zum einen weil es als politisch nicht opportun galt und weil man zum andern dem Staat sonst noch weitere Unsummen an Folgekosten des Krieges aufgebürdet hätte. Viele Wissenschaftler schrieben damals Gefälligkeitsgut-achten für den Staat, in denen sie die traumatisierten Soldaten als „Simulanten" oder als Menschen darstellten, die bereits vorher „neuro- und psychopathische Züge" aufgewiesen hätten. Nach dem Zweiten Weltkrieg und dem Holocaust wurde in der ameri-kanischen(!) Besatzungszone das „Wiedergutmachungsgesetz" erlassen, das den Zusammenhang zwischen Krieg, Verfolgung, KZ-Haft und körperlichen sowie seelischen Erkrankungen aner-kannte. Darin wurde dem Geschädigten finanzielle Entschädi-gung gewährleistet, wenn der Zusammenhang durch ein Gutach-ten zumindest als „wahrscheinlich" anzusehen wäre und seine Störung zu einer mindestens fünfundzwanzigprozentigen Minde-rung seiner Erwerbsfähigkeit geführt hatte. Für die Herstellung eines wissenschaftlichen und politischen Konsenses aber spielte das Bild der Millionen Vietnamveteranen die entscheidende Rolle, ein Bild, das dem gesamten amerikanischen Volk und der Weltöffentlichkeit durch Hunderte von Dokumentaraufnahmen und Spielfilmen vor Augen geführt wurde. Der verlorene Viet-namkrieg hatte ein solches Riesenelend an zerstörten Existenzen zur Folge und hatte gezeigt, dass auch ehemals völlig gesunde Menschen durch Kriegserlebnisse zu seelisch Kranken gemacht worden waren, sodass die Skeptiker der Trauma-Verursachung überstimmt wurden. Es hat dann noch einmal viele Jahre ge-braucht, bis anerkannt worden ist, dass die sexuelle Traumati-sierung von Kindern in nahezu einhundert Prozent der Fälle le-benslange Erkrankungen zur Folge hat. Bis heute aber wird die Trauma-Verursachung der schweren psychiatrischen Persönlich-keitsstörung, die man als „Borderline-Störung" bezeichnet, von vielen Wissenschaftlern geleugnet.)

Das Störungsbild, das durch schwere Traumatisierung auf der Basis völliger seelischer und körperlicher Gesundheit zustande kommt, nennt man „Posttraumatische Belastungsstörung" (oder post-traumatic stress disorder, PTSD). Es findet sich (bezogen auf die gesamte Lebenszeit – sog. Lebenszeitprävalenz) bei 10 % aller Frauen und bei 5 % aller Männer in der Bevölkerung der Industrienationen, noch häufiger in Kriegsgebieten, in unteren sozialen Schichten und bei Kindern. 100 % der sexuell missbrauchten Kinder zeigen dieses Störungsbild, 70 % der Kinder, die auf andere Weise körperlich misshandelt worden sind und 60 % der Kinder, die einer schweren Katastrophe ausgesetzt gewesen sind. Wenn man weiterhin bedenkt, dass 90 % aller (angezeigten) sexuellen Misshandlungen innerhalb der Familie passieren und dass 95 % aller getöteten Kinder (Unfälle natürlich ausgenommen) von ihren eigenen Eltern umgebracht worden sind, dann wird die große Bedeutung dieses Störungsbildes für das Thema „Angststörungen im Kindesalter" deutlich. Aber Kinder können dieses Störungsbild auch auf Erlebnisse hin entwickeln, die für Erwachsene besser verkraftbar sind. Und diese Erlebnisse kommen im Leben eines Kindes gar nicht so selten vor. Dazu zählen lebensbedrohliche Erkrankungen (z. B. Leukämie), medizinische Eingriffe wie Operationen und das Miterleben schwerer seelischer und körperlicher Gewalt in der eigenen Familie.

Wir können uns die Entstehung einer Posttraumatischen Belastungsstörung bei Kindern vorstellen, wenn wir uns vergegenwärtigen, was alles passiert, wenn aus einer schweren körperlichen Verletzung schließlich eine Narbe entsteht: Durchtrennung der schützenden Haut, dann Zerstörung der Struktur von Gefäßen, Nerven, Knochen, Bindegewebe usw., schließlich ungenügende Reparation der Verletzungsstelle mit primitiverem und nicht mehr so widerstandfähigem Bindegewebe, also eben einer Narbe. Wir brauchen diese körperlichen Vorgänge jetzt nur noch ins Seelische zu übersetzen.

Der Psychoanalytiker John Bowlby hat als Erster die Gesetzmäßigkeit beschrieben, nach der seelische Prozesse in einem Kind ablaufen, wenn es noch über ausreichend seelische Abwehrkräfte verfügt, um ein schockierendes Erlebnis zu verarbeiten. Er fand heraus, dass Kinder auf den Verlust einer geliebten Person nach einem festen Schema reagieren, in dem man klar drei Stadien unterscheiden kann. (Die Reihenfolge der Stadien kann sich im Einzelfall auch einmal ändern, Stadien können gleichzeitig durchgemacht werden, auch können frühere Stadien wiederkehren. Das gilt vor allem dann, wenn auf den anfänglichen Verlust hin keine Ruhe eintritt, sondern neue Stressoren hinzukommen.)

Die Verlustreaktion eines Kindes nach dem Weggang oder dem Tod eines geliebten Menschen verläuft (nach John Bowlby) in drei Stadien:

Stadium 1:   **Schockreaktion** mit Leugnung und Ablehnung der Realität („Das kann nicht wahr sein!"), emotionaler Abstumpfung und Konzentration aller schmerzhaften Gedanken auf die verlorene Person.

Stadium 2:   **Emotionale Desorganisation** mit einem Durcheinander von Weinen, Lachen, Schreien, Ärger, Verzweiflung, *Angst*, Enttäuschung, Gefühlen von Wertlosigkeit und Hoffnungslosigkeit, Schuldgefühlen, Selbstvorwürfen, Schlafstörungen und Appetitstörungen.

Stadium 3:   **Anpassung** mit allmählichem Rückgang der Erregung und Wachwerden neuer Interessen, aber auch dem Risiko einer depressiven Entwicklung, falls die innere Ablösung von dem Verlorenen durch Trauerarbeit nicht gelungen ist.

Wie wir sehen, tritt die Angst nur im Stadium 2 der Verlustreaktion auf. Diese Beobachtung ist wichtig, denn sie zeigt uns, wie stabil die seelische Abwehrorganisation eines (gesunden) Kindes angelegt ist. Ist die Angst nämlich auch in den anderen Stadien vorherrschend, dann leidet das Kind offensichtlich nicht (nur) unter dem Verlust einer geliebten Person, sondern ist darüber hinaus auch traumatisiert worden.

Wenn wir uns im Folgenden die „Posttraumatische Belastungsstörung" bei einem Kind anschauen, dann werden wir feststellen, dass eben diese seelische Abwehrorganisation durch die Katastrophe außer Kraft gesetzt wird. Die Angst kann hier nicht mehr geleugnet, ausgehalten und verarbeitet werden. Sie überschwemmt sozusagen das gesamte Kind, und das von Anfang an. Das nennen wir ein kindliches seelisches Trauma! Die Traumareaktion tritt in der Regel in den ersten sechs Monaten nach der Katastrophe auf. Es gibt jedoch Berichte aus Gebieten, in denen Kinder ständig neuen Katastrophen ausgesetzt sind (wie zum Beispiel in Belfast/Nordirland), dass sie erst dann mit den typischen Symptomen reagierten, als sie sich in Sicherheit befanden. Analoge Beobachtungen kann man in unserem Lande machen, wenn man Kinder aus einem Milieu befreit, in dem sie über lange Zeit traumatisiert worden sind. Erst innerhalb der stationären kinderpsychiatrischen Behandlung oder während des Aufenthalts in einer Pflegefamilie oder in einem Heim werden sie plötzlich für ihr Umfeld auffällig.

Eine „Posttraumatische Belastungsstörung" liegt bei einem Kind dann vor, wenn über eine Zeit von mindestens einem Monat irgendwelche Symptome aus je einem der folgenden drei Bereiche aufgetreten sind:

- **Wiederholung des Traumas** in Alpträumen oder sich tagsüber aufdrängenden Bildern („flash back"). Kleine Kinder spielen die traumatischen Szenen nach „wie von Geisterhand gesteuert", d. h. manchmal ohne zu wissen, warum sie das gerade spielen, und sie reagieren heftig ablehnend, wenn man sie auf den Inhalt des Gespielten hinweist.
- **Vermeidung aller Trauma-Assoziationen.** Ein traumatisiertes Kind versucht, allem aus dem Weg zu gehen, was es mit dem katastrophalen Erlebnis in Verbindung bringen könnte. Alle ähnlichen Personen, Orte, Tageszeiten, Gerüche, Geräusche werden gemieden. Besonders erschütternd ist die Vermeidung aller Gefühlszustände, die an das Erlebte erinnern könnten. Dadurch entsteht der Eindruck der seelischen Abstumpfung. Da die Katastrophe selbst heftige Erregung (meist Angst, aber eventuell auch Ekel, Neugier oder sexuelle Gefühle) ausgelöst hat, versucht das Kind, nun alles zu vermeiden, was über ein bestimmtes, niedriges Erregungsniveau hinausgehen könnte. Dazu gehört auch das Denken, der Einsatz der eigenen Intelligenz. Dann kann eine so genannte „Pseudodebilität" eintreten, die vorliegt, wenn ein Schüler trotz guter intellektueller Begabung nur Denkleistungen zustande bringt, die einem Schwachbegabten angemessen wären. Denn Denken, selbst mathematisches Denken, wird durch Gefühlsprozesse begleitet.

(Als Kinderpsychotherapeut trifft man auf zwei Gruppen von plötzlichen Mathematikversagern: Da sind zum einen die Jungen mit großen Autoritätsängsten. Sie können vor allem im Grundschulalter nicht richtig rechnen. Und zum andern die jugendlichen Mädchen mit ihrer Schamangst, in einer Klasse mit Jungen als unattraktiv angesehen zu werden, wenn sie sich intellektuell mit den Klassenkameraden auf „männlichem Terrain" zu messen versuchen. Analoge Probleme findet man übrigens bei männlichen Schulversagern in Deutsch und Fremdsprachen, wenn sie in der Pubertät ihre Fähigkeiten vor den Mädchen der Klasse vorzeigen sollen. Sie haben die Schamangst, damit als „zu weiblich" zu gelten.) Wenn solche Kinder sagen: „Ich kann mich über nichts mehr freuen!", dann ist das jedoch sehr verschieden von der gleichlautenden Äußerung eines depressiven Kindes. Traumatisierte Kinder „können" sehr wohl noch alle Gefühle erleben, wie man in einer Trauma-Psychotherapie mit ihnen sehen kann, aber sie unterdrücken sie aktiv, weil diese Gefühle ja Erinnerungen an die Katastrophe wachrufen würden. Diese Einschränkung gilt natürlich auch für alles, was Neugier hervorrufen könnte. Daher ist das wohlgemeinte Ablenkenwollen der nächsten Angehörigen und Freunde („Damit du mal auf andere Gedanken kommst!") genau das, was traumatisierte Kinder überhaupt nicht gebrauchen können. Man kann sich leicht erklären, warum auch das Erinnerungsvermögen plötzlich löchrig geworden ist, ein Phänomen, das übrigens noch Jahre danach zu sonst schwer erklärlichen Gedächtnislücken und geistigen Leistungsproblemen führen kann.

(So rätselte eine meiner erwachsenen Patientinnen, die mich wegen eigenartiger plötzlicher Ermüdungszustände und chronischer Alpträume aufgesucht hatte, lange Zeit darüber nach, warum sie zwar fließend Englisch sprechen konnte, ihr aber immer wieder die englischen Zahlenbegriffe nicht einfielen. Schließlich gelang uns die Rekonstruktion eines Traumas, das sechs Jahre zurücklag. Sie war anlässlich eines Ferienaufenthalts in den USA von einer Gruppe männlicher Jugendlicher vergewaltigt worden und hatte unter Androhung schrecklicher Schmerzen jeweils eine Zahl nennen sollen, um

*zu sagen, welchen der insgesamt sieben Vergewaltiger sie
denn als nächsten „haben wollte". Die für sie sehr schwer
auszuhaltende Rekonstruktion dieser Szene führte zu einer
sofortigen Wiederherstellung ihrer Merkfähigkeit für engli-
sche Zahlen. Dieses kleine Detail ermöglichte dann die Auf-
arbeitung des fürchterlichen Traumas, das sie jahrelang „vergessen" hatte.)*

● **Permanent erhöhte Wachsamkeit.** Am häufigsten treten anhaltende Ein- und Durchschlafprobleme mit schweren Alpträumen auf. Viele meiner kleinen Schlafproblempatienten
(und eine große Anzahl von ihnen kam aus den Kriegsgebieten
des ehemaligen Jugoslawien) konnten genau benennen, was
sich nachts bei ihnen regelmäßig abspielte: „Ich versuche immer wach zu bleiben, damit ich nicht dieses komische Gefühl
im Kopf kriege, was man spürt, bevor man einschläft!" Aber
auch tagsüber kommen traumatisierte Kinder nicht zur Ruhe.
Sie sind ständig in Hab-Acht-Stellung und können sich daher
schlecht auf eine einzige Sache konzentrieren. Am meisten fallen sie durch ihre erhöhte Schreckhaftigkeit auf, ein Symptom,
das man bei den gleichfalls stets umtriebigen Kindern mit einem „Hyperkinetischen Syndrom" nicht findet. Je älter die
Kinder sind, umso besser können sie ihre depressiven Gefühle
überspielen. Sie wirken dann wie aufgedreht („hypomanisch"),
ständig zu Späßen und Neckereien bereit, streitlustig und immer bemüht, schlagfertig zu erscheinen. Ab dem Jugendalter
sind Depressionen, Drogenkonsum einschließlich Alkoholab-
hängigkeit und Suizidalität häufige Folgen von Traumatisationen. Aber es gibt auch Kinder, die sich ihrer Entwürdigung
(z. B. nach sexuellem Missbrauch oder einem sie entstellenden
Unfall) derart schämen, dass sie Selbstmord begehen.

Die häufigsten Folgezustände von Traumatisationen, denen Kinder ausgesetzt worden sind, sehen wir in unserem Lande in der
Gruppe der stets umtriebigen Kinder, die ohne Stimulation nicht
mehr durch ihren Alltag kommen. Ihre Entwicklung vom Kleb-
stoffschnüffeln über Alkohol, Haschisch zu Ecstasy und Kokain
ist durchaus verschieden von der verwahrloster Kinder und Jugendlicher und deswegen bei frühzeitiger Behandlung auch zu

unterbrechen. (Selbstverständlich finden sich unter den verwahrlosten auch viele traumatisierte Kinder, deren soziale Chancen sich erheblich verbessern, wenn sie nicht als Dissoziale aufgegeben worden sind, sondern die Chance einer Trauma-Psychotherapie bei einem Jugendpsychiater oder -psychologen genutzt haben.) Wenn die Katastrophe verbunden war mit einem längeren Zustand von Todesangst, dann scheint es kaum noch möglich zu sein, dass sich die Desorganisation der Gefühle (Stadium 2) zu einer einigermaßen haltbaren Narbe (Stadium 3) entwickelt. Die Folge ist eine lebenslange Persönlichkeitsstörung mit allgemeinem Misstrauen gegenüber jedermann, sozialem Rückzug, Gefühlen von Leere und Hoffnungslosigkeit, ständiger Überwachheit und Nervosität und einer Entfremdung von den eigenen Gefühlen (Zynismus, ironische Distanzierung, Abspaltung von Gefühlen) und plötzlichen Gefühlsdurchbrüchen und Handlungen, die zur Gefahr für andere werden können.

Bevor wir uns mit der Frage beschäftigen, welche Möglichkeiten es denn gibt, traumatisierten Kindern psychotherapeutisch zu helfen, muss man sich Gedanken darüber machen, was denn eigentlich der Stellenwert einer medizinisch-psychologischen Behandlung angesichts einer Situation sein kann, in der „das Kind schon im Brunnen ist". Die Analogie mit der Narbenbildung kann da weiterhelfen. Traumatisationen bedeuten, dass durch eine Katastrophe ein Zustand eingetreten ist, der nicht mehr reversibel ist. An einer Stelle, an der zum Beispiel die Haut bis auf tiefere Schichten verbrannt worden ist, kann keine natürliche Haut mehr entstehen, nur Narbengewebe. Und genau damit hat man es zu tun, wenn man mit den Folgen einer Traumatisation bei einem Kind konfrontiert wird. Bleiben wir in dem Bild der Narbe, dann zeigt sie eben nur an, dass da einmal eine Verletzung stattgefunden hat, aber sie zeigt eben nicht mehr die Wunde selber. Die allermeisten Kinder verhalten sich für den unkundigen Beobachter unauffällig und „brav", ja sogar in Fragebogentests können sie als „normale" Kinder durchgehen. Sie kommen ja auch nicht deswegen in eine Therapie, weil sie eine Verletzung erlebt haben, sondern weil die Narbe, die sie an sich tragen, vielleicht unschön aussieht oder sie irgendwie stört, vielleicht auch schmerzt. Es liegt also die Versuchung nahe, ihre

Narbe „kosmetisch" so zu versorgen, dass sie nicht mehr stört. So erlebt man zum Beispiel in der Behandlung sexuell missbrauchter kleiner Kinder, dass sie, wenn sie genügend Vertrauen zu ihrem Therapeuten gefunden haben, zu allererst darum besorgt sind, dass der Therapeut von ihren schrecklichen Geschichten nichts den Eltern erzählt. Sie wollen die Eltern nicht beunruhigen, und sie wollen vor allem „ganz normale Kinder" sein und nicht Patienten. Ähnliches gilt für Jugendliche und Erwachsene. Und da liegt nun das Dilemma der „Traumatherapie". Der Therapeut möchte den Patienten ermutigen, sich den verdrängten Bildern in seinem Innern erneut zu stellen, denn nur so kann er deren Wirkung abschwächen. Der Traumatisierte aber muss sich dafür die „Patientenrolle" gefallen lassen, sich also erneut einem Mächtigeren ausliefern. Zumal noch einem Mächtigeren, der vorgibt, sich einfühlen zu können, obwohl er in den allermeisten Fällen eine ähnliche Traumatisation selbst nie erlebt hat.

Das therapeutische Dilemma ist nicht lösbar. Es gibt nur eine größere oder geringere Fairness in der Behandlungssituation selber. Dazu gehört, dass der Therapeut seine Methode vorher genau erklärt und deutlich macht, dass er zwar überzeugt davon ist, mit dieser Methode langfristige Folgeschäden der Traumatisation verringern zu können – und daran besteht bei fachlich korrekt durchgeführter Traumatherapie kein Zweifel. Er darf aber fairerweise dem Traumatisierten nicht suggerieren, dass er ihn „gut verstehen" könne. Auch sollte er immer wieder prüfen, ob der „Behandelte" noch bereit ist, das Macht-Ohnmacht-Gefälle-auf-Zeit zu akzeptieren. Diese Überlegungen gelten im Prinzip für jede Form der Psychotherapie. Aber im Falle der Traumabehandlung treffen sie den Kern der Bemühungen. Wenn ein Therapeut die Absicht verfolgt, aus seinem Gegenüber wieder ein sozial angepasstes Mitglied unserer Gesellschaft zu machen, dann mag er damit durchaus das Wohl seines Gegenübers im Auge haben. Aber er verleugnet die Tatsache, dass sein Gegenüber durch das Trauma ja nicht zum Patienten geworden ist, sondern dass dessen Lebensweg durch unerhörte Gewalt gleichsam verbogen worden ist – eine Gewalt, die unverändert in der Gesellschaft fortbesteht.

Um noch einmal auf meine „Alptraumpatientin" (als solche hatte sie sich selber etikettiert) zurückzukommen: Sie profitierte zwar von der mit mir durchgeführten Traumatherapie insoweit, als ihre Alpträume verschwanden und sie sogar in der Lage war, eine erfüllte sexuelle Beziehung zu einem neu gewonnen Freund aufzunehmen. Aber sie war jetzt entschlossen, Polizistin zu werden, um durch eigenen Einsatz „potentiellen Vergewaltigern ihr Handwerk etwas schwieriger zu machen". Ursprünglich hatte sie Sprachen studieren wollen. Jetzt hatte ihr Leben durch das Trauma eine andere innere Orientierung bekommen. Sie hatte sozusagen beschlossen, ungeschminkt mit der Narbe zu leben. Psychologisch kann man das als den Wiederaufbau einer Abwehrstruktur bezeichnen, über deren Zweckmäßigkeit zu urteilen kein Außenstehender das Recht hat. Abwehrstrukturen sind immer Kompromisse im Umgang mit der Realität, und kein Mensch kommt ohne diese Kompromisse aus. Auch hat jeder Mensch eine höchst individuelle Realität. Und vor dem Trauma waren die Realitäten der traumatisierten Patienten und des Therapeuten wahrscheinlich noch besser gegenseitig einfühlbar als nach dem Trauma.

Wenn wir diese Überlegungen immer wach im Hinterkopf behalten, dann können wir den Stellenwert der **Trauma-Psychotherapie** besser einschätzen, um die es zum Abschluss dieses Kapitels gehen soll. Die meisten traumatisierten Kinder werden von ihren Eltern zur Behandlung gebracht, weil sie auf irgendeinem Gebiet auffällig geworden sind, und nicht primär des Traumas wegen. Bei kleinen Kindern sind es oft Schlafstörungen, Alpträume oder Entwicklungsstörungen. Bei Vorschulkindern kommen hinzu Scheu und Hemmungen, auch Anfälle von Zerstörungswut oder schwerwiegende Ess- und Appetitprobleme. Aber vom Schulalter an sind es überwiegend Schulleistungsthemen, die die Eltern den Weg über Lehrer und Kinderarzt zum Kinderpsychiater oder -psychologen finden lassen. Eine Anamnese des Kindes und der Familie ist hilfreich und notwendig, desgleichen vielleicht einige psychologische Tests (vor allem Intelligenz- und Entwicklungstests), aber sie liefern meist keine relevanten Anhaltspunkte, die an ein zurückliegendes Trauma bei diesem Kind denken lassen.

Die Spiel- und Gesprächssituation mit dem Kind alleine ist zumeist die einzige Chance für das Kind und den Therapeuten, das eigentliche Thema einzuführen. Das gelingt selten in der ersten Begegnung und fast nie nur verbal.

Ich erinnere mich an Derja, ein achtjähriges Mädchen, das – bis dahin unaufgeklärt – für einen Tag und eine Nacht verschwunden gewesen war und dann völlig verstört und über und über mit Lehm beschmiert wieder vor der elterlichen Haustüre gestanden hatte. Seitdem war sie verstummt. Erst bei unserem fünften Treffen habe ich verstanden, warum sie bereits zu Anfang der Stunde unter Tisch und Tischdecke sich verbarg und von da aus eigenartige Knacks- und Brummgeräusche hören ließ, wobei sie dazwischen weinte und vor sich hinsummte. Es stellte sich heraus, dass sie in dem ans Elternhaus grenzenden Wald in eine tiefe Grube gefallen war. Dort hatte sie vor allem in der Nacht fürchterliche Ängste angesichts von Dunkelheit und knackenden Geräuschen ausgestanden, bis es ihr am nächsten Tag schließlich gelang, aus der Grube herauszuklettern. Seitdem war sie verstummt, denn sie hatte ja im Wald gespielt. Und das hatten ihr die Eltern doch ausdrücklich verboten ...

Der erste Schritt der Behandlung ist also ein rein diagnostischer. Was könnte das, was ich sehe, eigentlich bedeuten? Was kehrt immer wieder, d. h. fällt einfach dadurch auf, dass es so stereotyp auftritt? Was bedeutet das, was das Kind malt oder mit Knetmasse modelliert? An dieser Stelle geschieht meiner Erfahrung nach bei der Exploration von Kindern durch nicht kompetente Therapeuten oft großes Unheil. Vor allem dann, wenn sie bereits mit einer festen Hypothese – zum Beispiel, das Kind sei sexuell missbraucht worden – in die Spielsituation einsteigen, oder gar Zeichnungen als „eindeutige Hinweise" interpretieren. Zum einen gibt es solche eindeutigen Hinweise gar nicht, und zum andern begeben sie sich damit eines wertvollen diagnostischen Instruments, der Wahrnehmung der Gegenübertragung. Gerade traumatisierte Kinder stellen nämlich unbewusst sehr schnell eine Szene her, in der sie entweder als Opfer oder als Täter erscheinen und in der sie dann dem Therapeuten die korrespondie-

rende Rolle zuweisen. Um das zu begreifen, muss man als Therapeut auch sich selbst genau beobachten und darauf lauschen,
welche Tendenzen in einem hochkommen. Nur mit diesem Verfahren bekommt man auch ein Gespür dafür, wie brisant die
Nähe zum Trauma bei dem Kind noch ist, das heißt, wie viel an
Konfrontation man ihm schon abverlangen kann.

Der zweite Schritt besteht darin, dem Kind und seinen Eltern
die Spielregeln der Schweigepflicht zu erklären. Diese besagen,
ergänzend zur allgemeinen beruflichen Schweigepflicht, dass das
Kind während der gesamten Behandlung festlegt, was nach außen
getragen werden darf (und soll!). Dies ist eine formal notwendige
Voraussetzung für Vertrauen, aber leider in den meisten Fällen
keine hinreichende. Denn dazu ist das berechtigte Misstrauen
traumatisierter Kinder in Erwachsene viel zu groß.

Der dritte Schritt beinhaltet die Erklärung des psychotherapeutischen Vorgehens: Imagination, Gedankenstopp, Klärung
und Interpretation, kognitive Umstrukturierung, Aufgeben der
Vermeidungsstrategien, Vorsorgen („stark machen gegen die
Angst") – all dies natürlich in einer Ausdrucks- bzw. Spielweise,
die dem Alter des Kindes entspricht. Bei Kindern jenseits des
sechsten Lebensjahres kann man an dieser Stelle auch zu erklären versuchen, was ein Trauma ist und wie die Symptome mit
der Katastrophe zusammenhängen könnten.

Imagination oder imaginatives Nacherleben ist das Zentrum
der Trauma-Psychotherapie. Das Kind und der Therapeut(!), also
nicht das Kind alleine, versetzen sich in Gedanken, meist per
Rollenspiel, in die traumatische Situation. Bis das gelingt, vergehen oft mehrere Sitzungen, in denen das Kind immer mehr De-
tails mitteilt, die dann in das Rollenspiel eingebaut werden.
Wichtig dabei ist, dass die bedrohliche Situation immer wieder
und mit großer emotionaler Beteiligung (Angst!) des Kindes nach-
gespielt wird.

Gedankenstopp muss vom Kind erst einmal gelernt werden.
Der therapeutische Effekt dieser Technik ist umso größer, je älter das Kind ist. Aber auch Kleinkinder kennen das Prinzip der
aktiven Steuerung der Gedanken bereits, zum Beispiel von ihren
Einschlafübungen her („Dann denk' ich mir noch was Schönes
aus, und dann kann ich besser einschlafen!").

Klärung und Interpretation ist überwiegend die Aufgabe des Therapeuten. Ziel ist es, überhaupt erst einmal zu klären, was für das Kind in der Katastrophe denn eigentlich „Realität" war. Gerade seine Begabung zum magischen Denken macht die Realität, wie ein Erwachsener sie vielleicht wahrgenommen hätte, zu einer manchmal sehr sonderbaren.

So war es für Derja eine Realität, dass sie die Nacht in der Grube zusammen mit gefährlichen Tieren verbracht hatte.

Die Interpretation ist ebenfalls abhängig von der Art und Weise, wie ein Kind sich die Welt und die Handlungsmotive anderer Menschen zu erklären pflegt. Ziel dieses Behandlungsschrittes ist also nicht die Korrektur einer „falschen Realitätsauffassung", sondern die vollständige Beschreibung der Wirklichkeit, also der Form der Realität, die auf das Kind eingewirkt hat.

Kognitive Umstrukturierung meint indes eine Korrektur bestimmter Wahrnehmungsverzerrungen und Denkschemata. Dazu gehört das Schwarz-Weiß-Denken, die Übergeneralisierung von Gefahr, Selbstzuschreibungen, Schuldgefühle, Schamgefühle, Erst-handeln-dann-denken und ähnliches mehr.

Aufgeben von Vermeidungsstrategien. Diesen Punkt verstehen Kinder gut, denn ihre natürliche Welt birgt für sie so viele Gefahren, dass sie wohl wissen, wie man Angstgefühle vermeiden und wie man lernen kann, sie auszuhalten.

Vorbeugen bezieht sich natürlich überwiegend auf die Eltern, Erzieher und Lehrer. Dazu gehört zum Beispiel der Hinweis, dass das Kind auch in Zukunft bestimmte Situationen meiden wird, die es mit dem Trauma in Verbindung bringen. Die einfache Aufforderung: „Erzähl' mir, was dir jetzt Angst macht und was du gegen die Angst tun kannst!", eine Aufforderung, die immer wieder erfolgen muss, ist hilfreicher als eine Tabuisierung von bestimmten Orten, Menschen und Situationen.

Die Dauer einer solchen Behandlung ist zu Anfang nicht vorhersagbar, sie hängt auch nicht so sehr mit der Schwere des Traumas zusammen, sondern mit den Kräften zur Angstbewältigung, die ein Kind mobilisieren kann.

Die kleine Derja hat zum Beispiel mit mir dreißig solcher Sitzungen, zweimal pro Woche, erlebt (begleitet von acht separaten Elterngesprächen) und mir dann am Schluss mitgeteilt, sie habe die Eltern jetzt überredet, dass sie in den Alpenverein eintreten dürfe, denn da gebe es so tolle Kletterkurse ...

In dem Sonderkapitel über Terrorismus und Kinderängste werde ich der Frage nachgehen, ob die Katastrophen des 11. September 2001, die den Beginn der weltweiten „Terrorismusangst" darstellen, wirklich als Psychotraumatisierung zu verstehen sind, und vor allem, welche Rolle die Medien bei dieser Angstverbreitung gespielt haben.

Panik, Zwang und Depression

Angst warnt vor Gefahr und ermöglicht Flucht und Angriff. Angststörungen, wie wir sie bislang beschrieben haben, sind Alarmsysteme, die sich verselbständigt haben und die überempfindlich machen gegenüber Bedrohungen. Doch die Angstprobleme, um die es in diesem Kapitel geht, besitzen noch eine ganz andere Dimension, sie nehmen einem Menschen die Freiheit. Panische Ängste, der Zwang zu denken, was man nicht denken will, und zu tun, was einem völlig unsinnig vorkommt, sowie die Überzeugung, hilflos und ohne inneren Anrieb, also depressiv, zu sein – diese drei Störungen sind keine Alarmsysteme mehr, sie sind selber bedrohlich und zerstörerisch.

Panik

Wenn ein sechsjähriger Junge von seinem ehrgeizigen Vater aufs Dreimeterbrett gezogen wird und zum ersten Mal da unten das tiefe Springerbecken sieht, dann kann es sein, dass er daraufhin schreit, weint und sich an den Vater klammert. „Panische Angst" pflegen wir das zu nennen und wollen damit ausdrücken, dass es eine ganz große und schlimme Angst ist, die der Junge da auszuhalten hat. Aber Panikanfälle sind etwas ganz anderes. Zum Glück sind sie bei Kindern extrem selten und beginnen meist erst um das 15. bis 19. Lebensjahr herum. Typisch für sie ist, dass sie scheinbar aus heiterem Himmel auftreten und den Betroffenen in eine Alarmsituation versetzen, für die es überhaupt keinen Grund gibt. Der Panikanfall dauert etwa eine halbe Stunde. Der Betroffene spürt plötzlich Herzklopfen, der Schweiß bricht aus, Übelkeit und Magen-Darm-Beschwerden machen die Situation oft unerträglich. Viele Jugendliche, die erstmals solch einen Panikanfall erlebt haben, berichten, sie hätten das Gefühl gehabt, „verrückt zu werden". Die Angst vor völligem Kontrollverlust führt dazu, dass der Betroffene sich mehr und mehr zurückzieht und, als wollte er sich ein Vermeidungssystem gegen Angstattacken aufbauen, bestimmte Situationen zu meiden versucht, ohne dass er damit erneute Attacken verhindern kann.

Erst seit etwa zwei Jahrzehnten wird unter Fachleuten der eigenständige Charakter dieser Angststörung anerkannt. Immerhin sind etwa 2 % der Bevölkerung davon betroffen. Die meisten wissen nicht um ihre Krankheit, sondern ordnen die sporadisch auftretenden Angstattacken irgendwelchen Ursachen zu. Und die finden sich halt immer in der Umgebung eines Angstkranken. Heute haben die Erkrankten eine gute Chance, eine Behandlung zu bekommen. Die Ursachen der Störung liegen einmal darin, dass aus körperlichen oder seelischen Gründen heraus bestimmte Angstsymptome verstärkt auftreten (wie z. B. das Herzrasen). Dieses Symptom wird dann in seiner Signalfunktion überbewertet mit der Folge, dass nun erneut Angst hervorgerufen wird. So schraubt sich die Angstsymptomatik selbst nach oben, bis endlich die Gegenregulation wieder Oberhand gewinnen kann. Die Behandlungsmethode der Wahl (Serotonin-Reuptake-Hemmer und kognitive Verhaltenstherapie) berücksichtigt genau diese Entstehungsbedingungen. Das Medikament erhöht die durch Stress erniedrigte Angstschwelle, die Psychotherapie vermittelt die Fähigkeit, durch Gedankenkontrolle Angstentstehung zu kontrollieren, vor allem aber, die subjektive Gefährlichkeit solcher Symptome wie Herzklopfen, Schweißausbruch, Atembeschleunigung abzubauen. In vielen Fällen ist allein die Diagnosestellung schon eine große Erleichterung für die Betroffenen. Sie sind zumeist sehr interessiert daran, schnell die Methode des Gedankenlenkens zu erlernen. Im Schnitt verläuft eine Psychotherapie über nicht mehr als 15 Sitzungen. Dann kann der Betroffene die Methode selbst in Stresssituationen sicher einsetzen.

Zwang

Viele Kinder, vor allem Jungen, haben in der Kleinkindheit zwanghafte Rituale, die sich spätestens in der Grundschulzeit verlieren. Oder sie entwickeln in der Kindergartenzeit Tics. Dann zucken sie immer wieder mit dem Arm, dem Augenlid oder räuspern sich. Sie tun das, weil sie damit ein körperliches Spannungsgefühl abbauen wollen – aber es gelingt nicht. Nun, das sind noch keine Zwänge. Zwar können auch Zwangsrituale eine Familie tyrannisieren und Tics ein Kind gehörig quälen, aber es hat noch die Freiheit, Nein zu sagen. Bei Zwängen dagegen ist es, als hätte sich ein Kobold im Gehirn eingenistet. Er gibt Befehle und verbietet, immer und immer wieder. Und wenn das gequälte Kind ihm mal Einhalt gebietet, dann steigt in ihm eine derartige Angst-Spannung auf, dass es ihn rasch wieder gewähren lässt: „Es ist verrückt, völlig sinnlos, was ich denken und tun muss, aber ich muss eben." Kindergartenkinder und Schüler werden gezwungen, nicht auf Ritzen zwischen den Bodenplatten zu treten, oder sie müssen immer wieder denken, ob sie auch wirklich ihr Fahrrad abgeschlossen haben. Das geht vielen Kindern so, es kommt und geht auch wieder.

Hartnäckiger werden die Zwänge schon, wenn ein Junge wie Olaf immer wieder bis 47 zählen muss und dabei die 6 nicht aussprechen darf. Wenn er sie ausspricht, dann hat er etwas Schlimmes gemacht, muss sich den Mund mit Seife auswaschen, dann mit Wasser nachspülen. Ans Handtuch aber darf nur Wasser kommen, auf keinen Fall Seife, sonst muss er es in die Wäsche werfen und fürs nächste Mal ein neues nehmen. Das gibt natürlich großen Ärger mit der Mutter, die nicht länger bereit ist, täglich eine Extramaschine mit Olafs Handtüchern zu waschen, sauberen Handtüchern zumal. Also muss er seine Handtücher selbst waschen, aufhängen, trocknen, einräumen. Darüber vergehen Stunden, Stunden, die ihn nicht zum Spielen, auch nicht zum Hausaufgabenmachen kommen lassen. Seit einiger Zeit hat sein Kobold sich noch eine weitere Gemeinheit ausgedacht, er verbietet Olaf, während des Handtuchwaschens zu zählen. Dadurch frisst der Kobold noch mehr Zeit als früher. Denn jetzt muss Olaf auch noch aufpassen, dass seine Zwänge sich zu keinem Zeitpunkt überschneiden. Unlängst, kurz vor einer Klassenarbeit, als Olaf Vokabeln üben wollte, hatte er „gesündigt". Er hatte nämlich sein Tagespensum an 47er-Reihen-ohne-die-6 gleichzeitig mit dem Füllen der Waschmaschine absolviert. Das hätte er nicht tun sollen. Während der gesamten Klassenarbeit konnte er sich kaum konzentrieren. Er hatte fürchterliche Angst und sagte sich innerlich immer wieder: „Ich muss das wieder in Ordnung bringen!". Aber wie? Jetzt zählen, während der Klassenarbeit – wo ihm die Zeit für die Übersetzung sowieso schon knapp wurde? Olaf schaffte es gerade noch, die Übersetzung zu Ende zu bringen. Er war in Schweiß gebadet. Angst, Zwangszählen, Versuch der Unterdrückung, wieder Angst, wieder Zwangszählen – Olaf hatte das Gefühl, verrückt zu werden.

Zum Glück sind kleine Kinder noch weitgehend verschont von der fürchterlichen Welt, in die Olaf immer mehr hineingeraten ist. Die jüngsten sind sieben oder acht Jahre alt, meist sind es Jungen und überwiegend recht intelligente. Etwa 2 % eines Jahrgangs sind schwer betroffen. Aber jeder zweite zwangskranke Erwachsene erinnert sich an erste Zwangssymptome bereits vor dem 15. Lebensjahr. Die Grundlage, auf der das Gehirn Zwangsgedanken und Zwangshandlungen produziert, ist noch gar nicht so lange erforscht. Seit wir wissen, dass die betroffenen Hirnzentren (Vorderhirn, Basalganglien, Gyrus cinguli) ganz andere sind als die, die Angst und Stress steuern, ist es auch möglich, zwangsgeplagten Kindern spezieller zu helfen. Bis dahin galt der Zwang als Abwehrform der Angst, die Angst wiederum als Folge der Unterdrückung für schlimm gehaltener Gedanken.

Heute sehen wir die Ursache etwas genauer. Die Zwangshandlungen (Waschen, Säubern, Wiederholen, Kontrollieren, Berühren) und die Zwangsgedanken (Beschmutzen, Symmetrie, Katastrophenvermeidung) sind ehemals ganz sinnvolle Handlungsabläufe, die der Pflege und Säuberung entsprechen, die wie uralte Programme seit Millionen von Jahren in unseren Althirnbereichen abgespeichert sind. Die Störung des Zwangskranken besteht nun darin, dass sich bei ihm diese Programme verselbstständigen, sozusagen losgelassen werden, sobald zu starke Erregung, also auch Angst, aufkommt. Brechen die Programme los, so wird der Zwangskranke von seiner Erregung und seiner Angst abgelenkt, erlebt also eine Entlastung. Lässt er mit seinen Zwängen nach, so wird die Angst wieder stärker. So schaukelt sich allmählich das Niveau dieses labilen Gleichgewichts zwischen Angst und Zwang so hoch, dass entweder die Angst oder aber der Zwang kaum noch auszuhalten sind. Vererbung, aber auch leichte Hirnirritationen durch Erreger (Borrelien oder Streptokokken) sind wahrscheinlich dafür verantwortlich, dass bei den Betroffenen Zwänge nicht mit zunehmender Hirnreifung sicher unter Kontrolle gehalten werden können, sondern immer wieder ihr Eigenleben führen können.

Um die Stärke der Ängste einzuschätzen, die sozusagen das Pulverfass anfüllen, auf dem der Zwangskranke sitzt, kann man sich an der Gewaltigkeit der Zwänge orientieren. Je stärker die Zwangssymptomatik, mit umso mehr Angst muss er rechnen, wenn er seinen Zwangsimpulsen nicht nachgibt. Man kann sich also gut vorstellen, warum die Therapie, wie sie bei reinen Angsterkrankungen angewandt wird, hier nicht erfolgreich sein kann. Verhaltenstherapeutische Methoden beginnen damit, dass der Patient mit seinem leichtesten Zwang anfängt. Er versucht ihn zu unterlassen und die dabei entstehende Angst in den Griff zu bekommen. Dann nimmt man sich den nächst stärkeren Zwang vor, wieder gefolgt von Bewältigungsübungen für die dazu gehörige Angst usw. Bei Zwangshandlungen führt dieser Methode ganz allmählich zum Erfolg. Bei Zwangsdenken indes kommt man meist nicht ohne zusätzliche Medikamente (Fluvoxamin, Sertralin, Fluoxetin, evtl. auch Clomipramin) aus. Diese Medikamente sind selbst bei Kindern im Grundschulalter vertretbar. Es versteht sich von selbst, dass die Behandlung nur von einem Kinderpsychiater ausgeführt werden sollte.

Angst-Depression

Für das Kindesalter ist es typisch, dass Depressionen mit starken Angstsymptomen einhergehen. Zum Glück ist die Kinderdepression mit etwa 1 % eines Jahrgangs sehr selten. Aber es ist schwierig, bei einem Kind, das ständig überängstlich reagiert, zu erkennen, dass es eigentlich an einer Depression leidet. In meinem Buch „*Wenn Kinder nicht mehr froh sein können*" (2001) habe ich unser heutiges Wissen über Depressionen im Kindes- und Jugendalter zusammengetragen. Daher will ich hier nicht näher darauf eingehen. Betonen möchte ich nur, wie wichtig es sein kann, auch bei Angstsymptomen an eine depressive Erkrankung zu denken. Denn die Strategien zur Behandlung einer Depression im Kindesalter unterscheiden sich erheblich von denen bei der Behandlung einer reinen Angststörung.

IV. Schritte gegen die Angst

Was Eltern tun können

Es gibt eine ganz grundlegende Feststellung, die so selbstverständlich erscheint, dass Eltern oft übersehen, wie viel Praxisanweisung sie bereits enthält. Sie lautet:

Wenn Kinder Angst haben, dann sehen sie sich in Gefahr!

Wir neigen als Eltern dazu, erst einmal zu fragen, warum unser Kind Angst hat. Finden wir keinen plausiblen Grund, dann nehmen wir an, unser Kind bilde sich halt nur etwas ein. Die Frage nach dem Warum führt zwar sehr oft weiter, aber sie taugt nichts, wenn wir unser Kind mit seinen Angst-Signalen nicht verstehen können. Und sie reicht erst recht nicht aus bei all den Kindern, die eine echte Angststörung haben. Kinderängste sind Ausdruck einer *subjektiven* Angstsituation. Da aber manche Ängste angeboren sind und viele im Zuge der Entwicklung natürlicherweise vermehrt auftreten (wie zum Beispiel die Angstträume im Grundschulalter), können wir unseren Kindern sehr viel helfen, wenn wir einfach wissen, welche Ängste zu welchem Alter gehören.

Es gibt eine Reihe von Tatsachen, an die sich Eltern erinnern sollten, wenn sie es mit Ängsten ihrer Kinder zu tun haben:

Ängste sind Alarmreaktionen.

Sie nehmen von alleine wieder ab – ein rein körperlicher Vorgang, der einige Minuten oder auch mehr Zeit braucht.

Weglaufen macht die Angst bei der nächsten Konfrontation größer.

Aktiv sich (mit Hilfe der Eltern oder alleine) dem stellen, was ängstigt, lässt die Angst nicht nur kleiner werden, sondern macht darüber hinaus auch stark, mutig und stolz.

Mutige Kinder sind solche, die Angst haben und stark sind, nicht Kinder, die (scheinbar) keine Angst kennen.

Bevor wir uns über Elternhilfen gegen Kinderängste Gedanken machen, sollten wir uns zwei Fragen stellen: Erstens: Habe ich als Erwachsener im Augenblick selbst Angst? Und zweitens: Bin ich es selbst, der seinem Kind Angst macht? Erst danach sollten wir die folgenden Erfahrungen beherzigen, die sich als nützlich erwiesen haben.

Beginnen wir mit dem Thema **Trennungsangst**. Nicht, was Trennungsängste mindert, ist sinnvoll, sondern was ein Kind selbständiger werden lässt. Das ist ein Lernprozess. Und Lernen braucht Zeit. Auch hier wieder zuerst der Blick auf uns selbst: Habe ich Angst, werde ich traurig, wenn mein Kind selbständiger wird? In jedem Fall brauchen Eltern Phantasie, um Tag für Tag mehr zu erreichen. Bei Kleinkindern kann man Trennungsanforderungen in Metern und in Minuten steigern. Wichtig ist, dass die Anforderungen wirklich steigen und dass dazwischen Verschnaufpausen eingelegt werden. Da gilt es denn, das Erreichte zu feiern und das Kind zu loben. Am Beispiel der Schulphobie, einer Trennungsangstform der zumeist Sechs- bis Achtjährigen, kann man auch zeigen, was zur Angstbewältigung nicht viel taugt. Es hilft nichts, mit dem Kind darüber zu sprechen, wovor es denn in der Schule Angst hat. Die Schule selbst, die Klasse oder die Leistungsanforderungen, sind meist gar nicht an der Schulphobie beteiligt. Das können jede Mutter und jeder Vater feststellen, wenn sie einmal unbeobachtet zuschauen, wie es ihrem Kind denn geht, nachdem es erst einmal in der Klasse angekommen ist und mit den anderen Kindern spielt, als sei gar nichts geschehen. Wenn Eltern es mit einer hartnäckigen Form einer Schulphobie zu tun haben, sollten sie sich immer fragen, ob sie nicht selbst Hilfe brauchen, um mit der für sie lebensgeschichtlich bedeutenden Situation fertig zu werden, verlassen zu werden. So manches Kind hat mit seiner lärmenden Symptomatik schon seiner ängstlichen oder depressiven Mutter geholfen, endlich den Weg zum Psychotherapeuten zu gehen. Dort wird sie dann bald erleichtert feststellen, wie viel leichter ihr Leben wird, wenn sie sich nicht mehr Tag für Tag mit ihren Verlustängsten herumschlagen muss.

Ganz anders liegen die Dinge bei **Kindern, die immer auffallend ängstlich** sind. Als kleine Kinder haben sie häufig körperliche Symptome wie Bauchschmerzen oder Kopfschmerzen, als ältere Kinder fühlen sie sich rasch erschöpft, und im Schulalter machen sie sich ständig Sorgen um alles. Es dauert zumeist viele Jahre, bis sie richtig verstanden werden. Kinder mit einer „Generalisierten Angststörung" machen es ihrer Umwelt nicht leicht, ihnen Hilfe zukommen zu lassen, zu sehr „nerven" sie und scheinen sich „nur anzustellen". Fast immer gibt es erst dann eine Wende, wenn ein Fachmann (Kinderpsychiater oder Kinderpsychologe) die richtige Diagnose gestellt hat. Eltern von Kindern, die durchgehend nicht ausreichend belastbar erscheinen, sollten daher frühzeitig solche Fachleute konsultieren. Leider finden Eltern dieser Kinder oft erst über teure und nutzlose Umwege, bei denen sie die Bekanntschaft von Scharlatanen machen, dahin, wo ein Kind zugleich organisch und psychologisch gründlich untersucht werden kann. Denn auch wenn der Ursprung der Störung überwiegend im Seelischen zu liegen scheint (und im Erbgut), so ist das Körperliche doch zumeist so stark mit einbezogen, dass man es nicht übersehen darf.

Was können Eltern nun tun, die darüber aufgeklärt worden sind, dass ihr Kind eine erhöhte Angstbereitschaft hat? Erst einmal sollten sie wissen, dass es in seiner Entwicklung bessere und schlechtere Zeiten gibt, die gar nicht mit der äußeren Belastung zusammenhängen müssen. Zweitens profitieren solche Kinder von allem, was ihnen in ihrer Welt Sicherheit, Planbarkeit, Vorhersagbarkeit und wohlwollende Bestätigung gibt. Vor allem aber brauchen sie keine Schonung, kein Fernhalten von Gefahren. Sie können enorme Leistungen bringen und glücklich werden, wenn sie um ihre Konstitution wissen und sich allmählich ein System der stufenweisen Selbst-Belastung aneignen. Viele dieser Kinder scheuen auf ihrem Lauf das erste Mal vor einer Hürde zurück, wollen aber immer wieder antreten, wenn sie nicht durch eine falsch verstandene elterliche Schonhaltung daran gehindert werden. Sie führen zumeist ein reiches Phantasieleben, dem – bei Verwechslung von Wunsch und Realität – eigene Ängste entspringen. Sie reden mehr über das, was sie alles machen wollen, als dass sie erste Schritte zur Umsetzung tun. Solches Phantasieren kann man als Vermeidung von Ängsten klar trennen von reicher Phantasietätigkeit, wie sie für Vorschulkinder so typisch ist. Angstbedingtes Phantasieren ist getrieben, stereotyp, dreht sich immer wieder um dieselben Personen und Schauplätze und appelliert an die Umwelt. Phantasietätigkeit dagegen ist ein freies Spiel der Gedanken und braucht kein Publikum.

Schließlich noch ein paar Worte zum Thema **Phobien**. Viele Kinder zeigen in mehr oder weniger ausgeprägter Form plötzlich heftige Ängste, wenn ein Hund, eine Spinne oder eine Schlange auftauchen. Andere reagieren phobisch auf Blut oder auf Wasser. Flugangst, Platzangst, Fahrstuhlangst als phobische Störung kommen natürlich bei Kindern genauso vor wie bei Erwachsenen, werden sie doch heutzutage schon früh der Umwelt der Erwachsenen ausgesetzt. Leichte phobische Störungen können Eltern leicht selbst therapieren, wenn sie das Kind überzeugen können, wie Angstgefühle, z. B. angesichts eines Hundes, kommen, schlimm werden und dann abflauen. Alle Alltags-Phobien schmelzen dahin, wenn man sich dem gefürchteten Objekt in richtiger Dosierung immer und immer wieder aussetzt. Sobald Phobien chronisch zu werden drohen, sollten Eltern sie bei ihrem Kind nicht abtun mit der Bemerkung „So ist das eben bei ihr/ihm …" Vor allem wenn es sich um eine Soziale Phobie mit großer Schüchternheit handelt, braucht ein Kind eine fachliche Untersuchung und Behandlung. Denn erstens kann jede kindliche Phobie nur die Spitze eines Eisbergs sein, und zum andern führen vor allem unbehandelte Soziale Phobien zu viel Leid im späteren Leben, weil der Kontakt zu anderen Menschen, der so ersehnt wird und der so wichtig ist, immer wieder z. B. an „diesem blöden Stottern und Rotwerden" scheitert. So manche Depression im Erwachsenenalter hat ihre Vorgeschichte in einer als Schüchternheit abgetanen Sozialen Phobie.

Ängste in Zusammenhang mit **Zwängen, Panikstörungen und Posttraumatischen Stress-Störungen** sind in jedem Fall Grund für eine Vorstellung bei einem Fachmann. Eltern können auch bei diesen Angststörungen den Fortgang der Therapie unterstützen. Aber dafür brauchen sie sehr spezielle Anleitungen durch den Kinderpsychiater oder Kinderpsychologen im Rahmen von begleitenden Elterngesprächen oder einer Familientherapie. Darauf genauer einzugehen, würde den Rahmen dieses Kapitels übersteigen.

Die letzten Abschnitte dieses Kapitels verdienen eigentlich eine andere Überschrift, etwa: **„Was Eltern lassen sollten!"** Das 20. Jahrhundert hat als „Jahrhundert des Kindes" sehr viel Wissen über das hervorgebracht, was Kinder zu so interessanten Wesen macht. Das ist so weit gegangen, dass der amerikanische Lyriker und Kulturkritiker Robert Bly am Ende des Jahrhunderts (1996) gar von einer „kindlichen Gesellschaft" mit dem Untertitel: „Über die Weigerung, erwachsen zu werden" sprechen konnte. Auch Neil Postman hat in seinem Buch „Das Verschwinden der Kindheit" (1987) auf ähnliche Phänomene hingewiesen. Diese und andere Autoren haben festgestellt, dass eine Folge der erhöhten Aufmerksamkeit, die Kinder heute bekommen, die ist, dass Eltern nicht mehr wissen, wie sie erziehen sollen, und am liebsten gleich selber wieder Kinder werden. Wenngleich ich der Meinung bin, dass es nicht der Wissensfortschritt über das Kindsein war, der diese unbestreitbaren Resultate erbracht hat, sondern vielmehr der kulturelle Wandel, den die kommerzielle Durchdringung aller unserer Lebensbereiche erzwungen hat, ist doch ihre Bestandsaufnahme sehr plausibel und in hohem Masse für unser Thema „Kinderangst" von Bedeutung. Vereinfacht kann man sagen: Während es vor hundert Jahren sozial harte und autoritäre Strukturen waren, die für familiär unterhaltene Kinderängste verantwortlich waren, ist es heute die ungute Mischung aus Orientierung versagender Strukturlosigkeit und Anpassungsdruck an die Leistungsgesellschaft der Erwachsenen, die in Familien ihren Niederschlag findet.

Es gibt heute kaum eine Familie, die nicht bei der Vorstellung ihres Kindes bei einem Kinderpsychiater oder Kinderpsychologen im Hinterkopf mächtige Schuldgefühle mitbringt: Was haben wir falsch gemacht, dass unser Kind so ist, wie es ist? Als Autor dieses Buches und als Arzt und Psychologe versuche ich mir und den Eltern immer wieder klar zu machen, dass diese Frage zwar kulturell verständlich, aber nichtsdestoweniger völlig unproduktiv ist. Jemand, der mit Husten und Schnupfen seine Grippe durchleidet, wird auch nicht davon gesund, dass er sich immer wieder fragt, wo er sich das Virus geholt und warum er sich nicht einen warmen Pullover angezogen hat. Ein paar Tage im warmen Bett helfen ihm da schon mehr.

Machen wir also einmal den Versuch, die Punkte zusammenzutragen, die erwiesenermaßen dazu beitragen, dass Kinder seelisch gesund und stark aufwachsen können. Es gibt tatsächlich solche Erkenntnisse über **„protektive" Faktoren**. Leider genießen sie in den Medien und auch in so manchen Berater-Problem-Gesprächen wenig Aufmerksamkeit:

- Gründen Sie eine Familie mit einem Partner, den Sie genug kennen und lieben können, bevor Sie sich und ihn in der Elternrolle strapazieren! Machen Sie sich klar, dass die Zeit Ihrer Elternrolle eine sehr begrenzte ist, gemessen an Ihrer Lebenszeit.

- Sorgen Sie dafür, dass Ihr Kind seine Mutter und seinen Vater behält, auch wenn Sie und Ihr Partner sich nicht mehr lieben können! Kinder verknüpfen mit ihrem Bewusstsein, von einer Mutter oder einem Vater wirklich geliebt worden zu sein, lebenslang ihre Selbstachtung. Kinder müssen ihre Eltern achten können, wenn sie sich nicht selbst verachten wollen.

- Setzen Sie Grenzen, ohne dabei herzlos zu sein! Buhlen Sie nicht um die Liebe Ihres Kindes, vor allem nicht auf Kosten Ihres Partners! Loben Sie Ihr Kind, wo es etwas zu loben gibt. Aber machen Sie ihm keine unehrlichen Komplimente! Respektieren Sie die persönliche Intimsphäre Ihres Kindes, missbrauchen Sie niemals sein Vertrauen!

- Schaffen Sie immer wieder eine möglichst streitfreie Atmosphäre in der Familie! Kinder brauchen für ihr Sicherheitsgefühl Harmonie und Angstfreiheit. Lernen Sie, sich fair auseinanderzusetzen, und üben Sie Versöhnung. Vor allem lachen Sie viel, seien Sie spielerisch, denn das Spielen ist ernsthafter als die Monotonie der Strenge!

- Zeigen Sie Ihrem Kind, dass Sie sich für Ihr Leben und Ihre Ziele engagieren und dass es dabei auch mal verzichten muss!

- Halten Sie Kontakt zu anderen Familien und zu Ihren Freunden. Ihre Kinder können Ihnen das nicht ersetzen!
- Verbringen Sie so viel Zeit mit Ihrer Familie, dass Sie Ihrer Familie ein wichtiges Mitglied bleiben und Ihnen die Menschen in Ihrer Familie wichtig sind. Lassen Sie sich Ihre Zeit nicht von den Verkaufsinteressen der Konsumgesellschaft stehlen und schützen Sie Ihr Kind vor der Droge Fernsehen, die nur Langeweile bekämpfen soll. Treiben Sie Sport und erleben Sie zusammen Abenteuer! Bleiben Sie wissensdurstig und vergessen Sie nicht, dass alle Kinder Neues lernen wollen! Suchen Sie ernsthaft nach Lehrern und Schulen, bei denen Ihr Kind gerne lernt. Bestrafen Sie es nie für schlechte Zensuren!
- Achten Sie Ihre Kinder und lassen Sie sich nicht Ihr Interesse an ihnen durch Ärger verbauen. Vor allem lachen Sie Ihr Kind nie aus und beschämen Sie es nicht. Rächen Sie sich nie an Ihrem Kind. Wenn Sie realistische Erwartungen an Ihr Kind stellen, die seiner Begabung und seinem Charakter angemessen sind, ersparen Sie sich viele Enttäuschungen.
- Leben Sie Ihren Kindern vor, wie zufrieden es macht, wenn man sich für andere Menschen einsetzt, und wie langweilig auf die Dauer Selbstbespiegelung ist!
- Misstrauen Sie jedem Fachmann, der , verblendet von seiner Theorie oder seiner überzogenen eigenen Vorstellung darüber, wie man Kinder „richtig" erziehen sollte, Ihnen ein Bild von Ihrem Kind aufdrängen möchte, dem Sie innerlich nicht zustimmen können! Wenn er wirklich Recht hat, wird er sich auch Zeit nehmen, Sie zu überzeugen. Meist aber kommt bei solchen Auseinandersetzungen mit wirklich kompetenten Fachleuten etwas heraus, das für alle Parteien bis dahin nicht einsichtig war.

Wenn Sie sich diese Auflistung protektiver Faktoren anschauen, dann werden Sie vielleicht eine Entdeckung machen, die auf ein anderes Verständnis der Elternrolle verweist, als es Ihnen als nachdenklichen Eltern geläufig ist. Um es in unserem Gleichnis des Grippekranken zu sagen: Viele Eltern, die mit seelischen Problemen ihres Kindes konfrontiert werden, konzentrieren sich auf zwei Fragen: Wo kam das Virus her? Und: Warum hat sie/er sich nicht warm genug angezogen? Das kostet viel Zeit und Kraft und führt zu nichts. Die eigentlich wichtige Rolle, die in der Umgebung irgendjemand übernehmen muss, aber ist die, ihm ein warmes Bett zu machen und ihn sich darin wohlfühlen zu lassen. Da gibt es ausreichend Gelegenheit, Mut und Durchhaltevermögen zu zeigen. Denn das „warme Bett" muss man nicht nur gegen Schule, Freunde, evtl. auch den Arbeitgeber der Mutter oder des Vaters durchsetzen, sondern auch oft gegen die/den Erkrankte/n selbst.

Warum ist es für viele Eltern so schwer geworden, das „Richtige" für ihre Kinder zu tun? Ich glaube nicht, dass die Antwort, die man an dieser Stelle oft zu hören bekommt („Eltern bekommen keine erzieherische Orientierung mehr! Wie soll man überhaupt noch erziehen angesichts des Werteverfalls in unserer Gesellschaft?"), wirklich das berücksichtigt, was in gelingenden Eltern-Kind-Gemeinschaften passiert. Mir leuchtet eine andere Antwort viel mehr ein, denn sie deckt sich mit vielen Befunden aus der empirischen Familienforschung: Je stärker entfremdete Arbeit und Berufstätigkeit Eltern leer und unzufrieden macht, je weniger sie wichtige soziale Kontakte im Alltag pflegen, umso mehr müssen ihre Kinder sie für alles Entbehrte entschädigen. An dieser Erwartung aber müssen Kinder scheitern, denn auch wenn sie sich noch so anstrengen und dank großen Selbstverzichts und hoher Begabung tatsächlich erstaunliche Leistungen bringen, sie können doch immer nur Ersatz für unerfüllte Lebensansprüche ihrer Eltern liefern.

So betrachtet, stellt eine psychische Krise ihres Kindes für Eltern gar nicht selten eine große Chance da, anspruchsvoller und sorgsamer mit ihrem eigenen Leben umzugehen. Eltern-Kind-Beziehungen und echte Freundschaften (und für einige auch religiöse Bindungen) sind Sand im Getriebe einer Zeit fressenden Konsum- und Leistungsgesellschaft wie der unseren. Sand stört da und droht, zerrieben zu werden. Längst sind die Zeiten vorüber, da Familien sich als ökonomische Zweckverbände mit Generationenvertrag stabilisieren konnten. An ihre Stelle ist das Selbstverständnis als emotionale Zufluchtsstätte in einer gefühlskalten Umwelt getreten. Damit ist jede Familie über kurz oder lang überfordert. Was kann an die Stelle dieser beiden Modelle treten, die sich als historisch bedingt und als heute untauglich erwiesen haben? Das Studium von Familien, in denen heute Kinder seelisch gesund aufwachsen und stark werden können (und diese Familien, ob mit einem oder zwei Elternteilen, sind zum Glück immer noch in der Überzahl), zeigt ein paar Charakteristika, die bei der Taufe eines Familienmodells der Zukunft Pate stehen sollten:

- Am Anfang steht eine Liebesbeziehung zweier Menschen, die willens und in der Lage sind, sich gegenseitig beim Erlernen der Elternrolle zu unterstützen.
- Freiheit und Einschränkung regeln sich in einer Familie nach den Regeln einer partnerschaftlichen Freundschaft.
- Generationsschranken werden eingehalten und kultiviert.
- Kinder genießen ein Recht auf ungestörten Umgang mit ihren beiden Eltern.
- Das Recht der Eltern auf Umgang mit ihrem Kind kann vom Kind selbst und einem Ombudsmann des Kindes in der Gesellschaft (vertreten durch das Familiengericht) eingeschränkt oder aufgehoben werden, wenn das Wohl des Kindes auf dem Spiele steht.
- Kinder sind schutzbedürftig und haben ein Recht auf Schutz ihrer Intimität, auf Fürsorge, auf Bildung und Ausbildung gemäß ihrer (verlässlich festgestellten oder potentiellen!) Fähigkeiten.
- Kinder sind voll rechtsmündig (in Zukunft) ab ihrem 16. Lebensjahr, spätestens aber ab ihrem 21. Lebensjahr. Das bedeutet eine Ausweitung ihres Status als Heranwachsende im Sinne des Gesetzes auf fünf Jahre.
- Kind-Eltern-Beziehungen (nicht Familien) genießen den besonderen Schutz der Gesellschaft, der sich in Absicherung gegen finanzielle Notlagen, gegen Wohnraummangel, gegen Gewalt und Verführung von Interessengruppen in der Gesellschaft äußert.

Ein solches Familienmodell der Zukunft birgt in sich jede Menge Sprengstoff. Es geht um nicht weniger und nicht mehr als um die Emanzipation der Eltern-Kind-Beziehung. Denn diese ist – zumindest nach unserem heutigen Wissensstand – die Basis für die Entwicklung der Persönlichkeit in jeder humanen Gesellschaft.

Was Erzieher und Lehrer tun können

Die Verbindung von Erziehern und Lehrern in einer Überschrift ist beim Thema „Kinderängste" problematischer, als es auf den ersten Blick erscheinen mag. Warum? Nun, weil Erzieher in Kindergärten, Heimen, Horten, aber auch in Schulen und Internaten sich über die Förderung eines Kindes und über ihre Unterstützung eines Kindes bei der Bewältigung von Aufgaben definieren, die von außen gestellt werden. Das würden auch viele Lehrer am liebsten tun. Indes verlangt die Institution, in der sie arbeiten, von ihnen ein Rollenverständnis, das, weil es nicht so sympathisch ist, wesentlich weniger gerne von den Lehrern selber angesprochen wird. Lehrer haben Lerninhalte in einer Kindergruppe zu vermitteln, die gesetzlich verpflichtet wird, am Lernprogramm teilzunehmen. Lehrer haben die Macht, ein Kind zu beurteilen durch Zensuren und ihm damit Zukunftschancen zu geben oder zu nehmen. Lehrer sind heute noch kaum so ausgebildet, dass sie die in Fülle vorhandenen pädagogischen, psychologischen und gesundheitsmedizinischen Erkenntnisse wirklich umsetzen können. In vielen Fällen verfügen sie noch nicht einmal über diese Erkenntnisse, und wenn doch, dann müssen sie in Lehranstalten arbeiten, die sich in ihrer Organisationsform seit über hundert Jahren kaum verändert haben. Daran zerbrechen vor allem die jungen und die engagierten Lehrer.

Lehrer werden heute überwiegend in nur einem Aspekt des Themas „Kinderängste und Schule" sensibilisiert, dem didaktischen: Wie vermittle ich meinen Stoff so, dass er mit größtmöglicher Lernmotivation aufgenommen, gespeichert und in Lösungsstrategien umgesetzt werden kann? Da bestand sicherlich ein riesiger Nachholbedarf, der noch lange nicht gedeckt ist. Schon steht das nächste große Problem an: Soll es einen Bildungskanon geben? Ab wann ist welche Spezialisierung vertretbar? Wie viel praktische Anwendung braucht es, damit ein angebotener Lernstoff überhaupt verankert werden kann?

Es mehren sich die Zeichen, dass sich die Lehrer in Zukunft viel mehr um ein ganz anders Thema kümmern müssen, wollen sie ihre Berufsjahre einigermaßen gesund und mit innerer Zufriedenheit überstehen – und das ist das Thema ihrer Rolle als Lehrer. Das Thema wird ihnen aufgedrängt angesichts der beunruhigend großen Zahl Unterrichtender, die seelisch und körperlich an ihrer Berufsausübung erkranken. Manchmal erinnert mich das Verhalten vieler Lehrer an die Berichte über die Pionierzeit der medizinischen Strahlendiagnostik. Madame Curie und viele ihrer Kolleginnen und Kollegen hatten mit der Erfindung der Röntgenstrahlen eine Methode gefunden, die sie mit Faszination anzuwenden lernten. Aber sie erkannten zu spät, dass dieselben Strahlen, die zu so viel Einblicken führten, sie selbst langsam, aber sicher zerstörten. Die Folgen waren schleichende Krebserkrankungen. Lehrer erkranken in Ausübung ihres Berufs als Fachvermittler zunehmend an Depressionen, die mit der Benennung „Burn-out-Syndrom" inzwischen einen hoffähigeren Namen bekommen haben.

Genau da aber ist die Schnittstelle zu unserem Thema „Kinderängste und Schule". Die ungenaue Rede vom erhöhten Leistungsdruck in heutigen Schulen vernebelt den Blick auf eine Schullandschaft, in der Forscher inzwischen einige Konturen klar erkannt haben. Untersuchungen zum Thema „Schulangst" zeigen immer wieder, dass sie überwiegend auf zwei Faktoren zurückzuführen ist:

● Erstens auf die Persönlichkeit des Lehrers in der Wahrnehmung des Schülers, insbesondere dann, wenn der Lehrer hohe Leistungsanforderungen stellt und gleichzeitig zu wenig oder in inkompetenter Weise den Schülern vermittelt, wie sie durch eigenes Zutun diesen Anforderungen gerecht werden können. Wenn dieser Lehrer dann auch noch einseitig die Fehler und das Ungenügen eines Schülers betont und dessen Anstrengungen und Erfolge als selbstverständlich unkommentiert lässt, dann verstärkt er nicht nur, nein, er erzeugt geradezu Schulangst. Kommen dann auch noch ironisierende und lächerlich machende Bemerkungen hinzu, dann ist es einem Schüler kaum noch möglich, angstfrei dem Unterricht zu folgen. Aus meiner psychotherapeutischen Arbeit und aus Studien zur Gewaltbereitschaft an Schulen ist mir der Mechanismus sehr vertraut, dass sich Schüler in dieser seelischen Drucksituation mit ihrem Angreifer identifizieren und gegen andere verletzend und gewalttätig vorgehen. Interessanterweise geht die Schulangst eines Schülers oft auf einen einzigen Lehrer zurück, sehr selten auf die Gesamtheit der Lehrer, bei denen er Unterricht hat. Das spricht klar gegen die Interpretation, dass der Schüler generell durch sein Verhalten Lehrer zu derartigen Übergriffen verleitet.

Betrachtet man nun die Seite des Lehrers, so kann man auf zwei Befunde verweisen, die im Einzelfall häufig kombiniert sind. Zum einen sind Lehrer durch ihre Vorbildung überhaupt nicht auf die Anleitung einer Gruppe vorbereitet – es sei denn, sie hatten das Glück, in der Jugendarbeit ihrer Kirchengemeinde oder in ihrem Vorberuf entsprechende Erfahrungen zu sammeln. Sie kennen Lernen nur als individuellen Prozess. Das Notensystem unterstützt sie auch noch in dieser Überzeugung. Im Beruf stehen sie aber vor einer Gruppe, die zum einen an diesem Ort gesetzlich verpflichtet worden ist, die zum andern aber auch annimmt, dass der, der da vor ihnen steht, weitgehend über ihre Lebenschancen verfügt. In dieser Meinung werden sie in ihren Elternhäusern bestärkt. Angesichts dieser Situation kämpft ein Lehrer also täglich um sein (zumindest seelisches) Überleben. Davon darf er sich aber nichts anmerken lassen, denn als unsicherer Lehrer wird er von der Gruppe gequält werden. Die Versuchung, Stoffvermittlung mit Angsterzeugung zu verbinden, liegt also nahe. Die sehr engagierten Lehrer versuchen den Spagat zwischen Institutionsvertretung, Erziehung und Fachvermittlung dadurch zu schaffen, dass sie ihre Gruppe wie ein Zauberer in der Manege durch buntes, ansprechendes, verführerisches didaktisches Material oder durch Vermittlung ihrer eigenen Faszination an dem Stoff zu bändigen suchen, und verbringen ungezählte Stunden an Nachmittagen, Wochenenden und in den Ferien mit Unterrichtsvorbereitung. Davon dringt wenig in die Öffentlichkeit, auch könnte es wohl kaum das Vorurteil vom faulen Lehrer mit den vielen Ferien revidieren.

Ein zweiter Befund stammt aus der Untersuchung an beruflicher Überlastung erkrankter Lehrer. Danach gehen einem depressiven Zusammenbruch oft über mehrere Jahre Symptome voraus, die im Schulsystem nicht als Vorboten einer Erkrankung gesehen werden können, denn sie karikieren geradezu das Bild des engagierten Lehrers: Plötzlich bleibt keine Freizeit mehr, alle Aufgaben werden mit übergroßem Einsatz übernommen, Nebenaufgaben werden noch gesucht, alle Themen werden ganz grundsätzlich noch einmal aufgearbeitet, perfekte und absolut gerechte Beurteilungsmaßstäbe werden entworfen usw. Es handelt sich um die Stufe 1 des „Burn-out-Syndroms", die als Anzeichen einer schleichenden Persönlichkeitsveränderung oft nur vom Partner oder der Familie des Lehrers wahrgenommen werden. Bald folgt die Stufe 2, auf der solche Lehrer anfangen, als „schwierig" zu gelten, auch unter ihren Kollegen. Sie beginnt mit sozialem Rückzug, Aufkündigung von Freundschaften und einer unheilvollen Verschlechterung der Laune im Unterricht. Genau an diesem Punkt beginnen nun Ironie, Sarkasmus, Hohn, aber auch das Bitten um Nachsicht und das Buhlen um Verhandlungsangebote sein alltägliches Erscheinungsbild vor der Klasse einzufärben. In diesem Stadium kommt es zu massiven Konflikten mit Schülereltern, die sein Verhalten nicht als Ausdruck einer seelischen Erkrankung erkennen können. Dem Zusammenbruch (Stadium 3) gehen oft längere Fehlzeiten, viele Arztbesuche, Zerwürfnisse in der Ehe und disziplinarisch chaotische Zustände im Klassenunterricht voraus.

● Der zweite wesentliche Faktor beim Thema „Schulangst" ist die Diskrepanz zwischen den Leistungserwartungen der Eltern an ihre Kinder und deren realer Leistung. Interessanterweise ist es nicht der Notendurchschnitt, der mit der Schulangst korreliert. Das bedeutet, dass Lehrer in jeder Unterrichtsstunde nicht nur den realen Schüler vor sich sitzen haben, sondern auch noch den Schüler, der als Sohn oder Tochter dem zu entsprechen versucht, was die Eltern in ihm sehen wollen.

Stufen des Burn-out-Syndroms

Soziale Einschätzung	Verhalten	Einstellung
> angesehen <	● Zwang, sich zu beweisen	„Will alles richtig machen"
	● Verstärkung des Einsatzes	„Kann alles alleine"
	● Vernachlässigung eigener Bedürfnisse	„Das geht jetzt nicht"
	● Verdrängung von Konflikten	„Es gibt keine Probleme"
	● Umdeutung von Werten	„Keine Zeit mehr"
> schwierig <	● Verleugnung von Problemen	„Das lässt mich kalt"
	● Rückzug	„Alle sind gegen mich"
	● Verhaltensänderungen	Launisch-gereizt, vorwurfsvoll, Fehlzeiten
> krank <	● Depersonalisation	„Stehe neben mir"
	● Innere Leere	„Spüre nichts mehr"
	● Depression	Anhedonie + Gereiztheit + Selbstwertzerstörung + innere Unruhe + Somatisierung + Hoffnungslosigkeit + Schlafstörungen + Suizidalität
	● Zusammenbruch	Burn-out-Syndrom „Ich kann nicht mehr!"

Auf viele Aspekte der negativen Auswirkung von Angst auf Lernen und Gedächtnisbildung überhaupt will ich hier nicht eingehen. Zu diesem Thema gibt es bereits eine umfangreiche Literatur, nicht zuletzt den Klassiker *„Denken, Lernen und Vergessen"* von Frederic Vester aus dem Jahre 1973.

Was folgt nun aus diesen Befunden zum Thema „Schulangst"? Zum einen die Forderung nach qualifizierterer Ausbildung heutiger Lehrer im pädagogischen, psychologischen und gesundheitsmedizinischen Bereich. Aber auch dann, wenn mehr theoretische

Kenntnisse vorhanden sind, wird das eigentliche Können erst durch Unterrichten erworben werden können. Nun zeigt aber der Vergleich des Lehrerberufs mit dem des Erziehers oder des Psychotherapeuten, dass es für den Erwerb kommunikativer Fähigkeiten nicht nur eines Modells bedarf (etwa in der Referendarzeit mit Studienseminar), sondern auch der Supervision durch einen Supervisor, der keine Bewertungsfunktion besitzt, sondern nur die Rolle des Geburtshelfers bzw. der Hebamme während der Geburtsvorbereitung und der Presswehen übernimmt: Ein guter Lehrer-Supervisor ist immer Verbündeter des Lehrers, sorgt sich um seine Kraft und Gesundheit, fragt ihn, wo's denn drückt, ob es auszuhalten ist, wann Hecheln besser ist als langsames Durchatmen, und der zugleich weiß, wann Narkose und Kaiserschnitt angesagt sind, damit das Kind keinen Schaden nimmt. Er ist auch Verbündeter im Kampf gegen die Starrheit der Institution, um den „schwierigen" Schüler und mit dessen „problematischen" Eltern. Lehrer können einen entscheidenden Beitrag gegen Kinderängste in der Schule leisten, indem sie erst einmal auf ihre eigene Gesundheit achten. Damit das als Priorität anerkannt wird, braucht es ein gutes Schulklima. Untersuchungen an Schulen, die ein auffallend gutes Schulklima aufweisen, haben übereinstimmend festgestellt, dass an solchen Schulen Lehrer untereinander mit Respekt von ihren Schülern sprechen, auch wenn diese noch so schwierig sind. Ich kann mich noch gut an Zeiten erinnern, in denen es unter Psychiatern an einer Klinik üblich war, abwertend über Patienten zu sprechen. Das hat sich in den letzten Jahrzehnten deutlich geändert. Nicht weil die heutigen Psychiater bessere Menschen wären, sondern weil sie über eine erheblich höhere Fachkompetenz in der praktischen Anwendung von Psychotherapie verfügen und vor ihren Patienten keine Angst mehr haben müssen. Zugleich ist auch der ehemals hohe Anteil der Psychiater zurückgegangen, die über der Ausübung ihres Berufs zynisch werden oder zerbrechen. Auch hier hat die Einführung von auf den Behandler konzentrierter Supervision (die sich deutlich von der Fachsupervision unterscheidet) die entscheidende Wende gebracht.

Was Erzieher tun können, um Kindern unnötige Angst zu ersparen, deckt sich weitgehend mit dem, was die Möglichkeiten von Eltern sind – mit einem entscheidenden Unterschied: Gute Erzieher wollen keine besseren Eltern sein, sondern stützen das Eltern-Kind-Verhältnis nach Kräften. Um das zu können, bekommen sie hierzulande bereits eine oft gute psychologische und pädagogische Vorbildung mit. Aber auch ein Erzieher erwirbt seine Kompetenz und seine Zufriedenheit nicht durch Fachsupervision allein. Auch Erzieher profitieren von einer Supervision, in der sie selber in ihrem beruflichen Alltag Zentrum der Aufmerksamkeit sind. Diese Einsicht hat zum Glück schon in den Kommunen und unter den freien Trägern von Kindergärten, Heimen und Beratungsstellen zu organisatorischen Konsequenzen geführt. Schulen und Kultusministerien sind von dieser Situation noch weit entfernt.

Zum Schluss noch ein Wort zu der besonderen Situation, in die viele Lehrer und Erzieher geraten, wenn sie Zeuge einer echten seelischen Überforderung oder gar Krankheit eines Kindes werden und mit der Einsicht der Eltern dieses Kindes nicht rechnen können. Das ist häufig der Fall, wenn ein Kind durch Konzentrationsstörungen und Müdigkeit oder durch Aggressivität auffällt. Ein Lehrer muss heute damit rechnen, dass mehr als die Hälfte seiner Schüler ohne Frühstück und nach durch Fernsehkonsum zerstörter Nacht morgens in die Schule kommt. Auch gibt es in vielen Familien eine auffällige Blindheit für die Frühstadien einer Magersucht oder einer Depression. Schließlich müssen Lehrer immer häufiger Schüler unterrichten, die einfach auf der für sie falschen Schule und ständig überfordert sind und bei denen auch eine Klassenwiederholung keine bessere Situation brächte. In dieser Situation wird es ernst mit der immer wieder beschworenen Zusammenarbeit zwischen Schule und Elternhaus. Lehrer müssen heute einspringen, wo die Fürsorge der Eltern fehlt. Das gehört einfach zum Lehrerberuf dazu. Ich habe schon viele Schüler-Patienten vorgestellt bekommen, die von ihren Lehrern wieder nach Hause geschickt worden waren mit der Begründung, in diesem Zustand seien sie nicht in der Lage, am Unterricht teilzunehmen. Das führte natürlich meist zu einem Eklat, aber einem, der für die Gesundheit des überforderten Kindes die segensreiche Wende brachte.

Sonderkapitel
Terrorismus und Kinderängste

Am 11. September 2001 und an den Tagen danach haben Millionen von Kindern im Fernsehen immer wieder denselben Filmausschnitt gesehen:

Ein Flugzeug fliegt gegen ein Hochhaus, Flammen brechen aus. Ein zweites Flugzeug fliegt in ein weiteres Hochhaus. Wieder sieht man Feuer ausbrechen. Die Hochhäuser sinken nacheinander wie Kartenhäuser in sich zusammen. Riesige Staubwolken entstehen. Die Staubwolke rollt wie eine Lawine hinter fliehenden Menschen her, die auf uns zulaufen, husten und schreien und immer näher kommen. Stopp. Und wieder von vorne.

Ihre Eltern saßen über Stunden vor dem Fernsehgerät. Immer, wenn die Filmszene wieder kam, wurden sie stumm und starrten auf das Fernsehbild. Am nächsten Tag tauchten die gleichen Bilder auf den Titelseiten der Zeitungen auf. Am Abend kamen die Bilder wieder. So ging das über Tage hinweg. Man konnte nun schon davon ausgehen, dass in jeder Tagesschau die gleichen Bilder wieder über den Bildschirm gingen.

Am fünften Tag nach diesem 11. September brachte mir ein achtjähriger Junge einen Videofilm, den er mit seinem Recorder selbst hergestellt hatte: Darauf hatte er siebenundzwanzigmal hintereinander dieselbe Szenenabfolge aufgenommen: Flugzeug – Feuer – Flugzeug – Feuer – einstürzende Türme – Staublawine – flüchtende Menschen, die immer näher kommen. Er berichtete mir stolz, er hätte damit den „geilsten Kräsch-Film" in der Klasse. Seine Freunde hätten höchstens zehn „Kräschs" geschafft.

Mit dem Medienspektakel des 11. September hat ein riesiges „Experiment" begonnen, an dem noch immer Millionen fernsehender Kinder teilnehmen. Noch gibt es keine wissenschaftliche Auswertung dieses Experiments. Aber es gibt kaum eine Familie, in der sich Eltern nicht die Frage gestellt haben: Was macht das mit unserem Kind? Die Antworten, die mir zu Ohren gekommen sind, reichen von „Mein Kind hat das doch gar nicht verstanden, was da eigentlich passiert ist!" bis hin zu „An diesem Tag hat mein Kind einen seelischen Schock bekommen!"

Mittlerweile häufen sich die Mitteilungen in der Presse, wonach unter Erwachsenen seit dem 11. September Ängste und Depressionen zugenommen hätten. Wird es bald entsprechende Berichte über Kinder geben?

Die Frage betrifft ein Thema, mit dem sich Ärzte, Psychologen und Pädagogen seit einigen Jahren immer mehr beschäftigen: Was sind die Folgen eines plötzlichen, überwältigenden Erlebnisses, dem ein Kind hilflos ausgesetzt wird? Das Forschungsgebiet trägt den Namen „Psychotraumatologie", das heißt Wissenschaft und Lehre von den unmittelbaren und langfristigen Folgen schwerer seelischer Verletzungen (vgl. Kapitel 17). Ergebnisse aus vielen Forschungsbereichen werden hier zusammengetragen. Es geht um die Rolle der Gewaltdarstellungen im Fernsehen für aggressives Verhalten bei Kindern; um die Langzeitfolgen des Holocaust, die selbst noch zwei Generationen nach der Opfergeneration nachweisbar sind; um Auswirkungen von erzieherischer Gewalt und sexuellem Missbrauch auf die Persönlichkeitsentwicklung von Kindern; um unmittelbare und langfristige seelische Folgen des Miterlebens schwerer Naturkatastrophen; um Folgen von Folter, Vertreibung und Exil. Wichtig sind aber auch die Forschungen, die gefunden haben, was Kinder stark macht, Katastrophen zu bewältigen, und warum Kinder, die zum selben Zeitpunkt am selben Ort (scheinbar) dieselbe Katastrophe erleben, später so unterschiedliche Erinnerungen an das Ereignis haben und körperlich wie seelisch so verschieden mit ihrem Trauma umgehen.

Um es gleich vorweg zu sagen: Unsere bisherigen (eher vor-wissenschaftlichen) Vorstellungen von dem, was für Kinder kurz- und langfristig höchst schädlich ist und was für sie einen seelischen Schock bedeuten muss, sind in wichtigen Teilen nicht zutreffend. Sie entstammen zumeist einer Übertragung der Erfahrungswelt von Erwachsenen auf die der Kinder. Dieser Denkfehler ist uralt und hat bis heute dazu geführt, dass Kinder entweder völlig überfordert worden oder aus vermeintlichem Schutzbedürfnis heraus von allem „Bösen in der Welt" abgeschirmt worden sind, sodass ihr Kopf voller Phantasien und mit wenig Erfahrung das zerbrechliche Bild einer Scheinwelt produziert hat.

Die wichtigsten Erkenntnisse moderner Forschung zur Psychotraumatologie, die wir beim Thema „Terrorismus und Kinderängste" berücksichtigen sollten, lauten:

- Über das Ausmaß, in dem eine Katastrophe zum Trauma werden kann, entscheidet der Unterschied zwischen der Bedrohung, der sich ein Mensch ausgesetzt sieht, und den Bewältigungsmöglichkeiten, die ihm zur Verfügung stehen. Nicht das („physikalische") Ereignis zählt, sondern das (psychische) Erlebnis.
- Die Gesamtverfassung eines Kindes zum Zeitpunkt der Katastrophe bestimmt weitgehend, was es wie erlebt.
- Welcher Teil einer Katastrophe für ein Kind erlebbar ist und wie er im Gedächtnis gespeichert wird, hängt in hohem Maße von seinem Alter ab.
- Kurzzeitfolgen eines Traumas unterscheiden sich erheblich von Langzeitfolgen. Hierzu gehört auch die Beobachtung, dass aus Opfern häufig Täter werden.
- Die Gedächtnisspuren eines Traumas können in Hirnbereichen abgelegt sein, die der Umsetzung in Worte zeitlebens verschlossen, die aber dennoch als Bilder vorstellbar oder als Verhaltensweisen wirksam sind.
- Solange Kinder noch nicht mit Worten klar machen können, was in ihnen vorgeht, sind sie vollständig auf die Empathie (Einfühlungsvermögen) ihrer Umwelt angewiesen. Empathie ist eine bei fast allen Menschen angeborene Fähigkeit, die bei schwerer kindlicher Traumatisierung unterdrückt wird und die sich überhaupt erst entfaltet, wenn ein Erwachsener hinreichend viel Zeit mit einem Kind verbringt.
- Wird ein Kind in seiner frühen Entwicklung zu lange einer unempathischen Umwelt überlassen, so ist es einer kontinuierlichen Abfolge von kleinen („stillen") Traumatisierungen ausgesetzt, die zu einer lebenslangen Fehlanpassung und zur Entwicklung eines „falschen Selbst" führen können. Im späteren Leben wird dann nicht die Erinnerung an eine konkrete Katastrophe unterdrückt, sondern das Gefühl, überhaupt hilflos und auf das Verständnis anderer angewiesen zu sein.

- Erfolgreiche Traumapsychotherapien zeichnen sich dadurch aus, dass das Verdrängte unter geschützten und hilfreichen Bedingungen gefühlsmäßig wiederbelebt, in Bilder oder Sprache übersetzt und in seiner Bedeutung einordbar wird.

Eltern können bei ihren Kindern viele Katastrophen und damit verbundene Psychotraumatisierungen nicht verhindern. Sie können aber die Folgen eines Traumas beeinflussen. Dazu sind notwendig: **Kinderzeit, Empathie und Wissen.** Alle drei sind knappe Ressourcen – zu knappe für viele Kinder heute.

Unter **Kinderzeit** ist zwar auch die Zeit zu verstehen, die Eltern tatsächlich mit ihrem Kind verbringen. Mehr aber noch die Zeit, die ein Kind für sich hat. Die Sorglosigkeit, mit der Eltern zulassen, dass die konsumorientierte Umwelt ihren Kindern wichtige Lebenszeit stiehlt, ist nur damit erklärbar, dass sie den Zeitdieb wegen seines freundlichen und verführerischen Auftretens nicht als Einbrecher oder Drogendealer („Droge Fernsehen") ausmachen können.

Von **Empathie** ist weiter oben schon die Rede gewesen, vor allem davon, dass sie sich nur entfaltet, wenn genug gemeinsame Zeit vorhanden ist. Beim Thema „Kinderängste" kann man zudem die Beobachtung machen, dass Männer sich schwerer tun als Frauen mit der Vorstellung, das unverständliche Verhalten ihres Kindes nach einer Katastrophen-Erfahrung habe etwas mit Angst zu tun. Das liegt daran, dass Frauen über eine größere Fähigkeit verfügen, bei sich selbst Signale der Angst zu spüren und richtig zu deuten. Jungen, die rasch von Angst sprechen, werden Angsthasen genannt. Streiten sie ab, überhaupt Angst zu haben, so gelten sie – zu Unrecht, wie wir sehen werden – als mutig. Diese Unterschiede in der Angstwahrnehmung und Angstverarbeitung zwischen Jungen und Mädchen sind zu einem großen Teil über ihre unterschiedlichen Hormonausstattungen genetisch gesteuert und helfen den Jungen, Gefahren zu bestehen und immer wieder neu aufzusuchen, ganz wie es ihre Geschlechtsrolle von ihnen verlangt. Doch je häufiger Mädchen und Jungen in einer Umwelt groß werden, in der physische Stärke weniger wichtig ist, umso mehr erweist sich geringere Angstempfindsamkeit als Nachteil, wenn es darum geht, sozial erfolgreich zu bestehen.

Vieles, was an Jungen, vor allem aber an männlichen Jugendlichen, als „mutig" oder gar „heldenhaft" bezeichnet wird, ist eben nur eine kanalisierte aggressive Verhaltensstörung. Wirklicher Mut indes ist eine hohe Tugend, die voraussetzt, dass jemand Angst spüren und überwinden kann und bereit ist, für andere sich Gefahren auszusetzen, nachdem er sich in deren Schutzbedürftigkeit hat einfühlen können.

Bleibt das Thema **Wissen**. Wissen vor allem darüber, welche Rolle Alter und Entwicklungsstand eines Kindes spielen, wenn es eine Katastrophe erlebt; ferner Wissen über die unmittelbaren und die langfristigen Folgen einer Traumatisation und schließlich über die Funktion unseres Gedächtnisses bei alledem. Längst haben die Hirnforscher herausgefunden, dass traumatische Erinnerungen nicht wie Bilder in einer Diasammlung in unserem Gehirn aufbewahrt werden. Gedächtnis ist ein aktiver Denkvorgang, der je nach aktueller Situation Bilder hervorholen, unterdrücken, ja sogar verändern kann. Dabei spielt vor allem die emotionale Verfassung eines Menschen eine zentrale Rolle. Am besten kennen das depressive Menschen, die in ihrer hoffnungslosen Lage gezielt die Bilder in ihrem Gedächtnis wiederbeleben, die in schwarz-weißen Umrissen gemalt sind. Kaum haben sie ihre Depression überwunden, entdecken sie in denselben Bildern der Vergangenheit wieder Farben und feinere Abstufungen von Hell und Dunkel.

Selbstverständlich spielt das Alter eines Kindes, das von einer Katastrophe getroffen wird, eine wichtige Rolle. Als Erwachsene tun wir uns oft schwer, uns in das Weltbild eines Kindes hineinzuversetzen. Das Alter entscheidet nicht nur darüber, wie ein Kind mit einer Katastrophe fertig werden kann. Nein, es legt auch fest, was an dem, was da passiert, sich überhaupt katastrophal auswirken wird. Und das Alter ist natürlich ganz bedeutsam für die „Sprache", mit der uns ein Kind signalisiert, dass ihm etwas Bedrohliches zugestoßen ist.

Im **Säuglingsalter** kann jede Form einer übermäßigen Erregung zum Trauma werden. Säuglinge verfügen noch nicht über einen Reizschutz, mit dem sie Belastungen über ihr Denken abwehren, geschweige denn verarbeiten können. Lange einwirkende Stress-Situationen führen bei ihnen nicht nur zu körperlichen Reaktionen, wie wir sie auch bei Erwachsenen finden. In diesem frühen

Alter bewirkt Stress darüber hinaus eine oft lebenslang erhöhte Stress-Anfälligkeit. Wie kann das passieren? Erst in jüngster Zeit haben Forscher herausgefunden, dass sich bei heftigen Erregungen im Gehirn die Anzahl der Angst-Rezeptoren (Signal-Empfänger) vermehrt, sodass das Gehirn immer angstempfindlicher wird. So wird ein Säugling, der infolge seiner Neurodermitis ständig schmerzender und juckender Übererregung ausgesetzt ist, auch heftiger mit Angst reagieren, wenn es Jahre später um die Bewältigung von Dunkel- oder Trennungsangst geht. Darüber hinaus reagieren Säuglinge seismographisch auf die emotionale Erregung der Bezugsperson, auf deren Schutz sie angewiesen sind. So erklärt sich die erstaunliche Beobachtung, dass Schreibabys und schwer schlafgestörte Säuglinge zurück zu Ruhe und Schlaf finden, wenn ihre übernächtigte Mutter wieder ihren eigenen erquickenden Nachtschlaf gefunden hat.

Ein eindrucksvolles Beispiel bot die sechsmonatige Anna, die mir Ende September, also gut zwei Wochen nach dem 11. September, in unserer Kinderschlafambulanz vorgestellt wurde. Die verzweifelte Mutter berichtete, wie aus ihrer bis dahin friedlichen Tochter wenige Tage nach dem besagten Datum ein Nervenbündel geworden war. Sie habe tags und nachts nur noch für wenige Stunden, vom Schreien erschöpft, in den Schlaf gefunden. Der gesamte Schlaf-Wach-Rhythmus sei durcheinander geraten. Immer wieder verlangte Anna die Brust, als sei sie ausgehungert. Und dennoch verlor sie Tag für Tag an Gewicht. Was war geschehen? Die Mutter hatte, kaum dass die ersten Bilder von den einstürzenden Türmen des World Trade Center über den Bildschirm gegangen waren, Nacht für Nacht vor dem Fernseher gesessen. Sie konnte einfach nicht anders, wusste sie doch, dass ihr Bruder in einem Maklerbüro arbeitete, das seinen Sitz im vierundsechzigsten Stockwerk eines dieser Türme hatte. Alle Versuche, von Freunden in New York per Telefon etwas von ihrem Bruder zu erfahren, waren erfolglos geblieben. Endlich, am 13. September, meldete sich der Bruder und erzählte, er sei zum Glück eine Woche vorher bereits mit Freunden nach Kanada gefahren und habe alles nur am Fernsehgerät miterlebt. Seine Schwester (Annas Mutter) war erleichtert. Aber Annas

Nächte begannen jetzt erst schlimm zu werden. Bei genauerem Nachfragen fanden wir gemeinsam den Übeltäter, der Anna um ihren Schlaf brachte. Es war der Fernsehton, jener hohe Signalton, der Anna unüberhörbar mitteilte: Die Mutter sitzt wieder vor dem Fernsehgerät. Und tatsächlich stellte sich heraus, dass die Mutter selbst immer noch wie elektrisiert auf das Fernsehen reagierte. Immer noch spürte die Mutter, wie sie gegen Abend innerlich unruhig wurde und auch noch die Spätnachrichten sehen musste, stets in der Erwartung, von einem neuen Terroranschlag zu hören. Es war wie ein Zwang, gegen den sie sich nicht wehren konnte. Ich bat Annas Mutter, mir von ihrem Bruder zu erzählen, und so erfuhr ich folgende Geschichte, von der sie angenommen hatte, dass sie mit Annas Schlafstörungen doch gar nichts zu tun haben könnte: Sie hatte im Alter von siebzehn Jahren ihre Eltern bei einem Flugzeugabsturz verloren. Mit Unterstützung ihrer Tante hatte sie sich seitdem mütterlich um ihren sechs Jahre jüngeren Bruder gekümmert. Er war ein schüchterner Junge. Und so hatte sie gerne dem Vorschlag ihres Gemeindepfarrers zugestimmt, der den scheuen Junge auf eine Freizeit mit seiner Jugendgruppe mitnehmen wollte. Auf der Rückfahrt war der Bus verunglückt, ein Mädchen, das neben dem Bruder gesessen hatte, war dabei ums Leben gekommen, der Bruder unverletzt geblieben. Unter Tränen erzählte sie, welche heftigen Vorwürfe sie sich bis heute machte, dass sie ihn zu dieser Freizeit überredet hatte. Bei der Beerdigung des Mädchens habe sie den Namen des verunglückten Mädchens erfahren. Das Mädchen hieß Anna. Bis zu diesem Tag war ihr nie aufgefallen, dass sie ihrer Tochter den Namen des toten Mädchens gegeben hatte. Wenige Tage nach diesem Gespräch kam die Mutter ein zweites Mal und erzählte, sie hätte seit dem ersten Gespräch viel weinen, aber das Fernsehgerät nicht mehr einschalten müssen. Wie als wollte sie die Mutter trösten und entlasten, hatte Anna zwei Tage zuvor begonnen, wieder durchzuschlafen.

Diese Geschichte zeigt anschaulich, wie schwierig es ist, sich in einen Säugling hineinzuversetzen, denn im späteren Leben begegnet uns diese enge, fast symbiotische Verquickung der Welt des einen mit der des anderen so gut wie nicht mehr. Zu keinem

Zeitpunkt der Entwicklung entscheidet so sehr das Wohlbefinden der Mutter über die seelische Stabilität ihres Kindes wie im Säuglingsalter.

Irgendwann im **zweiten oder dritten Lebensjahr** machen Kinder einen Entwicklungssprung, den man als die Entdeckung der Phantasie bezeichnen kann. Die ersten Schritte in der Entwicklung der Phantasietätigkeit aber fallen genau in die Zeitspanne (12.–36.Lebensmonat), in der es um Selbst-Ständigkeit und um die Bewältigung von Trennungsängsten geht. Erstmals kann ein Kind sich jetzt vorstellen, dass die Mutter, wenn sie weggeht, auch wiederkommen wird. Und dass ein Schlaftier, eine Melodie oder ein einfaches Stück Stoff ausreichen, um sich nicht alleine zu fühlen. In diesen zwei Jahren vor dem Kindergartenalter beschäftigen sich Mütter häufig mit dem Gedanken, wieder arbeiten zu gehen oder irgendeinen Freiraum zu finden, damit ihnen nicht „die Decke auf den Kopf fällt". Sie erleben, dass ihre kleinen Kinder gegen jegliche Trennungsversuche (auch beim Einschlafen geht es um Trennung!) mit lautem Schreien und Weinen protestieren, und geben entmutigt oder frustriert ihre Pläne wieder auf. Oder aber sie überwinden ihr ungutes Gefühl und leiden an ihrer Arbeitsstelle mehr unter Schuldgefühlen, als dass sie ihre wiedergewonnene Freiheit genießen könnten. Kommen nun noch die vorgestellten oder ausgesprochenen Vorwürfe der Eltern oder Schwiegereltern hinzu, dann wird eine Mutter den Kampf bald aufgeben und wieder „gern für mein Kind auf eigene Wünsche verzichten" lernen. Aber ist dieser Verzicht wirklich das, was ein Kind von zwei oder drei Jahren braucht? Und sollte eine Mutter in diesem Alter ihres Kindes sich nach einer Katastrophe wirklich wieder zur Verfügung stellen, wie sie es im Säuglingsalter getan hat? Die Antwort ist ein eindeutiges „Nein"! Warum? Die Begründung wird vielleicht dann leichter verständlich, wenn man sich vor Augen führt, worum es in der Entwicklung eines Kindes in dieser Zeitspanne geht. Es geht um nicht weniger und nicht mehr als um die stabile Entwicklung von Selbständigkeit. Um es noch genauer zu sagen: Es geht darum, dass ein Kind die Fähigkeit erwirbt, ohne Ängste das Alleine-Sein aushalten zu können. Jeder Erwachsene, der hinreichend reif geworden ist, um sich nicht noch etwas vorzumachen, weiß, wie anstrengend ein

Leben ist, in dem man tagaus, tagein vermeiden muss, Alleinsein zu erleben. Und wie rasch sich Ängste und Depressionen einstellen, wenn dieser Zustand einem aufgezwungen wird. Dieses Schicksal seinem Kind zu ersparen, genau darum geht es in der „Trennungs-Lern-Phase" des zweiten und dritten Lebensjahres. Lernen aber braucht Neugier, Ausprobieren, Angst, Frustration und Stolz auf das Erreichte. Diese Mischung der Gefühle ist typisch für alles Lernen. Überforderungen und Unterforderungen aber blockieren jeden Lernprozess. Wie aber kann eine Mutter erkennen, ob sie ihr Kind im Trennungslernen über- oder unterfordert? Dafür gibt es ein sehr einfaches Zeichen: das Spielen! Und es gibt ein Zeichen, dass nicht viel taugt: das Protest-Schreien im Moment der Trennung! Es gibt Kinder, die in Abwesenheit der Mutter sich nicht trösten lassen oder sich durch hektische Betriebsamkeit oder ständiges Streiten abzulenken versuchen und sich nicht ihrem Phantasiespiel überlassen können. Diese Kinder sind in ihrem Trennungslernen überfordert worden. Und es gibt Kinder, die selbst in Anwesenheit der Mutter nicht zum freien Phantasiespiel finden. Immer wieder fordern sie die Mutter auf zu reagieren, immer wieder müssen sie vorzeigen, was sie gebaut oder gemalt haben. Diese Kinder sind in ihrem Trennungslernen unterfordert worden. (Dieses Verhalten gibt es auch, wenn Kinder zuvor nicht ausreichend die Erfahrung gemacht haben, von ihrer wichtigsten Bezugsperson mit wirklichem Interesse begleitet zu werden.) Man braucht nur das „Phantasie-Spielen" in die Begriffe der Erwachsenenwelt (Arbeitszufriedenheit, Kreativität, Lernen, Studieren, Freizeitverhalten, Bewältigung eines Partnerverlusts) zu übertragen, um sich vorzustellen, wie viele Erwachsene lebenslang an den Folgen einer schlecht verlaufenen Phase des Trennen-Lernens leiden – zumeist, ohne dass ihnen der Hintergrund ihres Problems bewusst ist.

Um eine Orientierung zu gewinnen, wie sich eine Mutter einstellen sollte angesichts großer seelischer Erschütterung ihres Kleinkindes, das heißt also auch dann, wenn ein Kind die Angst der Umgebung ständig in sich aufnimmt und die Mutter ihm bei der Bewältigung helfen möchte, kann man sich vor Augen führen, was denn in der Phase des Trennen-Lernens ein Kind stark macht:

- Erstens braucht ein Kind (nicht nur im Säuglingsalter, sondern auch später nach Zeiten der Abwesenheit, also auch in der Adoleszenz) immer wieder das Erlebnis, dass es wirklich wahrgenommen und mit Interesse begleitet wird und dass seine Mutter oder sein Vater nicht nur physisch vorhanden, sondern auch „wirklich da" sind, das heißt, dass sie Lust haben, mit ihm zusammen zu sein.

- Zweitens braucht es die Gewissheit, dass sich Mutter oder Vater für das interessieren, was es außerhalb erlebt, d. h. wenn es nicht mit einem der beiden zusammen ist. Nachfragen und Erzählenlassen sind gute Methoden, um diese Überzeugung zu stärken. Für Ängste heißt das: erzählen lassen und zuhören. Kinder kommen mit ihren wirklichen Ängsten meist nicht beim direkten Nachfragen raus, sondern „zwischen Tür und Angel".

- Drittens braucht es die wichtige Erfahrung mit mehr als einer Bezugsperson. Das verlangt vor allem von Alleinerziehenden direkte Planung und den festen Entschluss, das Kind nicht immer nur für sich haben zu wollen.

- Viertens müssen ihm immer wieder kleine Trennungen zugemutet werden. Denn Alleinsein kann ein Kind nur durch Übung lernen.

- Fünftens braucht es taugliche Ersatzpersonen für die Mutter, Menschen, die es auch aus dem Zusammensein mit der Mutter kennt. Die dabei auftretenden Eifersuchtsszenen sind notwendig und machen seelisch stark, auch wenn sie noch so heftig ablaufen.

- Und schließlich braucht es eine gesunde Mutter, die sich nicht an ihr Kind klammert, weil sie selbst nicht gerne alleine ist, und die sich über die Selbständigkeit ihres Kindes wirklich freuen kann.

Diese Bedingungen gelten in besonderem Maße für das zweite und dritte Lebensjahr. Aber auch in späteren Jahren können sich Eltern im Umgang mit ihrem Kind, das unter Trennungsängsten leidet, helfen, indem sie diese Regeln beherzigen.

Diese Überlegungen zum Trennen-Lernen haben eine ganz zentrale Bedeutung, wenn man verstehen will, warum Eltern in der Art, wie sie mit ihrer eigenen Angst umgehen, darüber mitbestimmen, welche Ängste ihr Kind bewältigen kann. Ganz offensichtlich unterscheidet sich die Rolle einer Mutter in diesem Alter ihres Kindes ganz entscheidend von der einer schützenden Säuglingsmutter. Viele Mütter tendieren dazu, ihr Kind umso mehr wie einen Säugling schützen zu wollen, je mehr die Atmosphäre durch Angst geprägt ist. Das aber vergrößert eher die Angst eines Kleinkindes. Nähe herstellen ja, aber nicht Symbiose anbieten!

Beim Thema Terrorismus spielt die Tatsache eine wichtige Rolle, dass die Bedrohung überwiegend durch den Fernseher vermittelt wird. Daher sind an dieser Stelle Überlegungen zum Thema **Fernsehen und Kinderängste** hilfreich. Bis weit in die Kindergartenzeit hinein können Kinder in gehörten Geschichten oder gesehenen Bildern nicht zwischen Phantasie, abgebildeter Realität und Wirklichkeit unterscheiden. Auf sich alleine gestellt (getrennt!) wird ein Kind selbstverständlich damit rechnen, dass auch in seiner Stadt die Flugzeuge in die Häuser hineinfliegen können und dass es, wenn es um die Ecke biegt, damit rechnen muss, von einer riesigen Staubwolke überrollt zu werden. Die damit verbundene Angst kann gewaltig sein. In unserer Kinderschlafambulanz haben wir über die Erzählung von Alpträumen von Kindergarten- und Grundschulkindern einen erschütternden Einblick gewinnen können in das Ausmaß, in dem Kinder dieses Alters sich ganz offenbar alleine mit der Bedrohung, die aus dem Fernsehgerät kommt, auseinandersetzen müssen. (Bereits vor zehn Jahren besaß in Deutschland jedes dritte Grundschulkind ein eigenes Fernsehgerät und drei Viertel aller Kinder dieses Alters schauten überwiegend alleine fern! Jedes vierte Kind schaute Fernsehen bis Mitternacht und darüber hinaus. In den USA sieht sich ein Kind bis zum achtzehnten Lebensjahr 200000 Gewaltakte alleine im Fernsehen an, darunter sind 67000 Morde oder Mordversuche!) Und auch in den Familien, in denen Eltern zusammen mit ihren Kindern fernsehen, ist der gut gemeinte Ratschlag von Fernsehpädagogen, Eltern sollten mit ihrem Kind über das Gesehene sprechen, ein wirklichkeitsfremder Wunsch.

Fasst man diese Zahlen zum Fernsehkonsum von Kindern und

die Tatsache, dass Kinder bis weit in die Grundschulzeit hinein Gesehenes und Gehörtes als Realität in ihr Weltbild einbauen, zusammen, so muss man feststellen: Die allermeisten Kinder in unserem Land müssen sich über die brutale Vermittlung von Informationen, wie sie heute für unsere Medien typisch ist, mit einer realen Bedrohung auseinandersetzen, der sie noch weniger gewachsen sind als die Erwachsenen.

(Vor einigen Tagen las ich, wie ein Journalist seine Meinung begründete, dass in Afghanistan unter den Taliban „Zustände wie im – europäischen – Mittelalter" herrschten: Dort würden Hinrichtungen auf öffentlichen Plätzen veranstaltet, sodass selbst Kinder Zeugen solcher Brutalität würden. Recht hatte der Journalist sicherlich, wenn er darauf hinweisen wollte, dass solche Szenen für Kinder auch in unserem Land noch vor wenigen Jahrhunderten zur Alltagsrealität gehörten. Nicht bedacht hatte er, wie häufig auch heute noch Kinder überall auf der Welt täglich Zeugen von extremer Brutalität werden. Vor allem aber dürfte er nicht bedacht haben, dass Kinder auch da, wo kein Krieg herrscht, über die Medien in eine „mittelalterliche" Realität zurückversetzt werden!)

Schließlich kommt noch eine Tatsache hinzu, die für die gesamte Kindheit und bei vielen auch noch für die Jugendzeit gilt: Kinder suchen in Situationen der Bedrohung Schutz bei denen, die ihnen stark und mächtig vorkommen. Das sind – zum Glück immer noch für viele Kinder – ihre Eltern, später auch ihre Lehrer und noch später, in der Adoleszenz, die „peer group", die Gruppe der Gleichaltrigen.

Wenn diese Starken und Mächtigen selbst Angst haben und sich hilflos fühlen, dann verlieren Kinder das Gefühl, sicher leben zu können. Dann passiert etwas, was Erwachsene oft jahrelang nicht mit ihren Vorstellungen von Kinderängsten in Beziehung setzen können: Die Kinder schlagen sich auf die Seite dessen, der sie bedroht; sie identifizieren sich mit dem Angreifer, bedrohen andere und vermeiden damit das Gefühl quälender Hilflosigkeit. Bedrohte Kinder verbleiben nur so lange im Zustand der Angst (mit möglichem Übergang in eine kindliche Depression), wie sie noch die Vorstellung haben, dass es jemanden gibt, der sie vielleicht schützen und der die Bedrohung beenden könnte. Bricht diese Hoffnung zusammen, dann lernen sie, anderen die Angst zu machen, die sie bei sich nicht mehr aushalten können. Diesen Mechanismus, der dem schieren Überlebenswillen entspringt, findet man ebenso bei Erwachsenen, die ihre eigenen Gefühle von Angst und Hilflosigkeit nicht mehr aushalten können oder wollen.

Eltern, die ernsthaft darüber nachdenken, wie sie ihren Kindern in Zeiten der Bedrohung helfen können, sollten daher ganz einfach (einfach ist die Theorie, schwierig aber ist die Umsetzung) zwei Dinge beherzigen:

1. Eltern sollten ihre Kinder schützen gegen die Macht der Droge Fernsehen. Kein Kind braucht ein eigenes Fernsehgerät. Nur ein winziger Bruchteil des Fernsehangebots kann wirklich für sich in Anspruch nehmen, Kindern Wissen und Fertigkeiten zu vermitteln, die sie auf anderem Wege nicht erwerben könnten.

2. Eltern sollten sich, wenn sie sich selbst bedroht fühlen, durch Information und Gespräche mit anderen Erwachsenen erst einmal selbst in die Lage versetzen, sich von ihren Ängsten zu distanzieren. Alleine die Erfahrung, dass es anderen ähnlich geht, hilft schon, Ängste zu reduzieren. Das an hohen Einschaltquoten interessierte Fernsehen ist wie ein Drogendealer in erster Linie darauf aus, Aufmerksamkeit und Erregung zu erzeugen, indem es die Illusion aufrechterhält, ein Mehr an Stoff garantiere auch ein Mehr an Glücksgefühlen, an Erleben und an Zufriedenheit. Informationen, die zu einem eigenständigen Urteil und damit zu subjektiver Sicherheit führen könnten, müssen in den Medien emotional „aufbereitet" und „verkauft" werden. Rationales Denken aber, das in der Lage wäre, für Sicherheit gebende Überzeugungen zu sorgen, verträgt sich nicht mit Angst und starken Gefühlen.

Im **Kindergarten- und Schulalter** kommt nun ein weiteres Element hinzu. Die Eltern verlieren für ihre Kinder zunehmend an Bedeutung. An ihre Stelle treten die Erzieher und die Lehrer, die Welt des Ferngesehenen und die Gruppe der Gleichaltrigen.

Angesichts des hohen Fernseh-Drogenkonsums heutiger Kinder nimmt auch die Chance der Lehrer kontinuierlich ab, als wichtige Bezugspersonen mit individuellen menschlichen Zügen wahrgenommen zu werden. Das Gleiche gilt für Gruppen und Vereine. Lehrer werden aus Sicht der Kinder immer mehr zu Vertretern eines mächtigen Systems, in dem Bildungs- und damit Lebenschancen vergeben werden. In diesem Punkt wissen die Kinder ihre Eltern hinter sich. Das Interesse am Lernen und an der Schule als dem Ort, wo man interessantes Neues erfahren kann, nimmt spätestens beim Eintritt in die dritte Klasse der Grundschule jäh ab. Was auch kein Wunder ist, vergleicht man einmal die didaktischen Kunststücke eines Lehrers mit den Möglichkeiten eines Fernsehmoderators. Die für Kinder in diesem Alter emotional relevante Realität der Schule ist die der Zensuren, der Beliebtheit in der Klasse, der Kontrolle von Bewegung und der Konkurrenz der Besitzer von Konsumgütern untereinander. Immer häufiger treten Kinder auf, die ohne Rücksicht auf ihre Neigungen und ihr Begabungsniveau auf jeden Fall den Kampf um Zensuren möglichst bis zum Abitur glauben durchhalten zu müssen. Mit und ohne Unterstützung von Ärzten werden immer mehr Kinder morgens zwar ohne Frühstück, aber mit symptomlindernden Medikamenten ins Schulrennen geschickt. Der hohe Anteil übermüdeter, weil schlafgestörter und konzentrationsunfähiger Kinder repräsentiert nur die Spitze des Eisbergs, der da heißt: chronische psychische und körperliche Überforderung im Kindes- und Schulalter.

Warum ist es wichtig, sich diese Misere heutiger Schulkinder – die sich nicht zuletzt in der hohen und steigenden Anzahl psychosomatisch gestörter, konzentrationsunfähiger und gewaltbereiter „Kinderpatienten" niederschlägt – im Zusammenhang mit dem Thema „Terrorismus und Kinderängste" vor Augen zu führen? Nun, weil es einfach keinen Sinn macht, über die grimmige Kälte zu schimpfen, wenn man sein Kind im T-Shirt aus dem Hause gehen lässt, statt ihm einen Wollpullover anzuziehen. Die Übersetzung dieses Bildes lautet: Ein Kind, ein Schulkind allemal, das sich in einer chronischen Überforderungssituation befindet, kann zusätzliche Bedrohungen gar nicht mehr adäquat verarbeiten. Es bleibt ihm nur die Wahl zwischen einem Zusammenbruch (Krankheit, Depression, Schulversagen), einer

Verleugnung der Bedrohung (politisches Desinteresse) und einer Aggressivierung seines Denkens und Verhaltens (Gewalt gegen Schwächere). Für Letzteres bieten sich in der aktuellen Schullandschaft sowohl die gehemmteren Mitschüler („Streber"), als auch die in Hautfarbe, Kultur und Sprache Abweichenden, aber auch die Lehrer an, unter denen der Anteil depressiv Erkrankter und Frühinvalider Besorgnis erregend hoch ist.

Schulkinder werden heute schon sehr früh, weit vor der Pubertät, durch mächtige, verlockende Außenangebote in eine innere Loslösung vom Elternhaus getrieben. Dieses Stadium galt noch vor wenigen Jahrzehnten als typisch für die mittlere Adoleszenz (16.–18.Lebensjahr). Damit verlieren die Eltern auch vorzeitig ihre Funktion als Ansprechpartner der Lehrer. An ihre Stelle ist eine anonyme, von Konsum und Medien beherrschte Öffentlichkeit getreten, die mehr Gemeinsamkeiten mit der feindlichen und zugleich faszinierenden wilden Umwelt von Ronja Räubertochter als mit einer Zivilgesellschaft aufweist. Die allermeisten Kinder haben aber nicht die Stärken und das Glück, das Ronja hatte. Vielleicht wäre es ihnen auch gar nicht zu wünschen.

Was können Eltern nun tun, die mit dieser Situation ihrer Schulkinder konfrontiert sind und die doch nicht tatenlos daneben stehen wollen, wenn ihr Kind mit Bedrohung konfrontiert wird? Viel können sie tun und zugleich furchtbar wenig. Solange in der Gesellschaft keine neuen brauchbaren Alternativen zur Sozialisation in der Familie zur Verfügung stehen (das Internat ab dem sechsten Lebensjahr wird vielleicht einmal der unausweichliche Kompromiss sein, wenn der Zerfall der Familien weiter fortschreitet – früher nannte man das Heimerziehung …), haben Eltern als Schutzraum für die Bedrohung ihrer Kinder nur die Möglichkeit, wieder selbstbewusster zu werden. Eltern werden sich aber nur dann für ihre Kinder mehr engagieren, wenn sie nicht nur immer kompensieren sollen, was die herrschende Kultur zerstört. Eltern brauchen Zeit, um Freude an ihren Kindern und Interesse für diese unbekannten Wesen zu entwickeln, die mit ihrer Neugierde und Vitalität ansteckend wirken können – man muss sie nur näher kennen lernen. Der Kampf gegen Drogendealer ist wichtig, um Kinder und Jugendliche zu schützen.

Aber der Kampf gegen Konsum- und Medienterror muss schon im Grundschulalter beginnen. Kinder brauchen in ihrer Familie und in der Schule das Gefühl, wichtig zu sein für andere. Dazu gehört es auch, Arbeitsverpflichtungen zu übernehmen. Kein Kind kommt als Egozentriker auf die Welt. Familien sollten sich nicht voneinander absondern, sollten Feste feiern, um ein Gegengewicht gegen die anonyme Gesellschaft der isolierten Einzelkämpfer zu bilden. Ein Fernsehkino mit einer großen Projektionsleinwand in einem Hochhaus zeigt viel spannendere Fußballübertragungen als zwanzig kleine Einzelguckkästen in beengten Wohnzimmern. Ganztagskindergärten und Ganztagsschulen können Eltern von dem Gefühl entlasten, immer nur insuffiziente Erzieher und Bildungsvermittler sein zu können. In Schulen könnte mit viel mehr Sport, Tanzen, Malen, Zeichnen, Handwerken und sozialem Gruppenengagement für Schwache in der Gesellschaft ein Campus entstehen, der in seiner Attraktivität dem langweiligen Zeittotschläger Fernsehen überlegen wäre.

Ohne solchen strukturellen Veränderungen haben Eltern auf die Dauer keine Chance, für ihre Kinder das zu bleiben, was sie zumindest bis zu deren eigener Selbständigkeit sein können, der Hafen, in den man immer wieder für kurze Zeit zurückkehren kann, wenn einem auf See der Treibstoff auszugehen droht oder wenn man mal wieder vor Anker gehen muss, wenn die See zu stürmisch geworden ist.

Viele, vor allem junge, Eltern, die auf eine Lebenserwartung von über siebzig Jahren blicken, vergessen leicht, dass ihre Chance, für ihre Kinder sehr wichtig zu sein, auf nur etwa zehn oder bei mehreren Kindern auf zwanzig Jahre begrenzt ist. Während immer mehr alte Menschen eigene Lebensformen entwickeln, die ihrem Lebensabschnitt entsprechen, und Jugendliche schon lange damit begonnen haben, prägende Jugendkulturen auszubilden, fehlt bislang eine vergleichbare Kultur des Lebensabschnitts Elternsein. Am ehesten noch existiert diese Kultur für Eltern mit Säuglingen und kleinen Kindern. Eltern von Kindern im Alter zwischen sechs und achtzehn Jahren aber leben immer mehr in der Looser-Position unserer Gesellschaft. Das macht es Kindern schwer, sich mit ihren Eltern zu identifizieren. Finanziell benachteiligt, von Kritik und Ratschläge verteilenden Experten bedrängt, von anspruchlichen Kindern genervt – und das in einem Lebensabschnitt, in dem sie sich vor allem auf ihr berufliches Fortkommen und die Entwicklung ihrer Partnerschaft konzentrieren wollen und müssen.

Selbst auf die Gefahr hin, die Dinge etwas zu sehr zu vereinfachen, habe ich mich getraut, einer Mutter und einem Vater eine kurze Antwort zu geben auf ihre Fragen: Wie sollen wir umgehen mit der Bedrohung des Terrorismus, die Tag für Tag über die Medien an unsere Kinder herangetragen wird? Sollen wir sie davor abschirmen, sollen wir mit ihnen diskutieren, sollen wir ihnen sagen, dass wir selber Angst haben? Meine Antwort: Schalten Sie den Fernseher ab und verbringen Sie so viel Zeit mit Ihren Kindern, bis Sie wieder sehen, welch interessante Menschen da heranwachsen!

Viele erzieherische Unsicherheiten heutiger Eltern kommen nicht daher, dass es keine eindeutigen pädagogischen Maßstäbe mehr gibt – denn die gab es noch nie. Immer schon haben sich Eltern ihr eigenes Bild von der Welt gemacht und es Kindern als Realität zu vermitteln gesucht. Eltern, die viel Zeit mit ihren Kindern verbringen und die nicht nur in deren Abwesenheit über sie nachdenken oder Ratgeberbücher auf ihrem Nachttisch anhäufen, solche Eltern finden ganz intuitiv viele Fragen der Pädagogik beantwortet, weil Kinder die Begabung haben, ihren Eltern zu signalisieren, was sie brauchen und was ihnen gar nicht gut tut. Kinder brauchen Eltern, denen sie wichtig sind und denen sie außer Ärger auch Spaß machen. Das aber können die Kinder nicht alleine schaffen.

Literaturhinweise

Für Kinder

Kinder- und Hausmärchen der Gebrüder GRIMM: Der Teufel mit den drei goldenen Haaren. Zürich: Manesse, 1946

Kinder- und Hausmärchen der Gebrüder GRIMM: Jorinde und Joringel. Zürich: Manesse, 1946

Für Eltern

BLY, Robert: Die kindliche Gesellschaft. Über die Weigerung, erwachsen zu werden. München: Kindler, 1997

FRAIBERG, Selma: Die magischen Jahre. Hamburg: Hoffmann und Campe, 1969

KAST, Verena: Vom Sinn der Angst. Freiburg: Herder, 1996

LARGO, Remo H.: Babyjahre. Hamburg: Carlsen, 1993

MARKS, Isaac: Ängste. Verstehen und bewältigen. Heidelberg: Springer, 1993

POSTMAN, Neil: Das Verschwinden der Kindheit. Frankfurt am Main, 1987

RABENSCHLAG, Ulrich: Wenn Kinder nicht mehr froh sein können. Freiburg: Herder, 2000

RABENSCHLAG, Ulrich: So finden Kinder ihren Schlaf. Freiburg: Herder, 2001

SCHMID, Markus u. a.: Keine Angst mehr. Freiburg: Christophorus, 1999

Für Lehrer und Erzieher

AURIN, K. (Hrsg.): Gute Schulen – worauf beruht ihre Wirksamkeit?. Bad Heilbronn, [2]1991

FRANK, Anne u. a. i. d. Projektgruppe Belastung: Belastung in der Schule? Eine Untersuchung an Hauptschulen, Realschulen und Gymnasien Baden-Württembergs. Weinheim: Deutscher Studien Verlag, 1998

HURRELMANN, Klaus: Familienstress, Schulstress, Freizeitstress. Weinheim: Beltz, 1990

HURRELMANN, Klaus u. a.: Gegen Gewalt in der Schule. Weinheim – Basel: Beltz, 1996

POUSTKA, Fritz: Angsterkrankungen bei Kindern und Jugendlichen. Schulphobie, Schulschwänzen, Schulangst und Angststörungen. In: Kasper, S. und Möller, H.–J. (Hrsg.): Angst- und Panikerkrankungen, S. 109–125. Jena: Gustav Fischer, 1995

RUTTER, Michael: Fünfzehntausend Stunden. Schulen und ihre Wirksamkeit auf Kinder. Weinheim: Beltz, 1980

SCHÖNPFLUG, W.: Psychische Belastungen am Arbeitsplatz des Lehrers. In: KESSEL, W. u. a.: Lehrertätigkeit, Lehrerpersönlichkeit, Lehrergesundheit, Band 2, S. 17–26. Leipzig, 1985

VESTER, Frederic: Denken, Lernen und Vergessen. München: dtv, 2001

VON CUBE, Felix: Fordern statt verwöhnen. München: Piper, 1999

Für Fachleute

BERNSTEIN, G. A. u. a.: Anxiety disorders in children and adolescents: a review of the past 10 years. J. Am. Acad. Child Psychology and Psychiatry 35: 1110–1119 (1996)

DACEY, John S. und FIORE, Lisa B.: Your anxious child. San Francisco: Jossey-Bass, 2000

DORNES, Martin: Die frühe Kindheit. Frankfurt: Fischer, 1997

FISCHER, Gottfried u. a.: Lehrbuch der Psychotraumatologie. München: Ernst Reinhardt, 1998

FREUD, Sigmund: Hemmung, Symptom und Angst. GW 14 (1926)

GOODMAN, Robert u. a.: Kinderpsychiatrie kompakt. Darmstadt: Steinkopff, 2000

LEDOUX, Joseph E.: Brain mechanisms of emotion and emotional learning. In: Ledoux, J. E.: Current opinion in neurobiology. Band 2, Heft 2, 191–197, 1992

LEWIS, Michael: Scham. Annäherung an ein Tabu. Hamburg: Kabel, 1993

PETERMANN, Ulrike u. a.: Angststörungen. In: Petermann, Franz (Hrsg.): Lehrbuch der klinischen Kinderpsychologie und -psychotherapie. Göttingen: Hogrefe, 2000

PETERMANN, Ulrike und Franz: Training mit sozial unsicheren Kindern. Weinheim: Beltz, [5]1994

RUTTER, Michael: Resilience in the face of adversity. Protective factors and resistance of psychiatric disorders. Brit. J. Psychiat. 147, 598–611 (1985)

STRIAN, Friedrich: Angst und Angstkrankheiten. München: Beck, 1995

Kinderzeit

Ulrich Rabenschlag
So finden Kinder ihren Schlaf
Informationen und Hilfen für Eltern
Band 5213
Erholsamer Schlaf – die wichtigste Kraftquelle. Ein praktischer Ratgeber
von dem bekannten Kinderschlafforscher.

Ulrich Rabenschlag
Wenn Kinder nicht mehr froh sein können
Depressionen bei Kindern erkennen und helfen
Band 5516
Was geht in unglücklichen Kindern vor? Informationen und
Möglichkeiten, wie Eltern und Lehrer ihren Kindern helfen können.

Uta Reimann-Höhn
ADS – So stärken Sie Ihr Kind
Was Eltern wissen müssen und wie sie helfen können
Band 5095
Grundlegende Informationen und praktische Ratschläge zum
Aufmerksamkeits-Defizit-Syndrom. Mit gezielten Entspannungs-,
Beruhigungs- und Konzentrationsübungen.

Michael Rohr
Freiheit lassen – Grenzen setzen
Wie Eltern Sicherheit gewinnen und ihren Kindern Halt geben
Band 4618
Der kompetente Kinderarzt ermutigt Eltern, mit den Kindern zusammen
das sensible Gleichgewicht zwischen Freiheit und Begrenzung immer
wieder neu zu finden.

Renate Zimmer
Was Kinder stark macht
Fähigkeiten entwickeln – Entwicklung fördern
Band 4976
Aus alltäglichen Aktivitäten mit Kindern im Vorschulalter Sinnes- und
Bewegungsspiele machen, die Kindern Spaß machen und helfen.

HERDER spektrum